読めばわかる！

四《よ》字《じ》熟《じゅく》語《ご》

監修／田中友樹（洗足学園中学高等学校教諭）

編著／朝日小学生新聞

朝日小学生新聞の

ドクがク！

学習読みものシリーズ

はじめに

「四字熟語《よじじゅくご》」とは、その名《な》の通《とお》り、四つの漢字《かんじ》を組《く》み合《あ》わせて作《つく》られた言葉《ことば》です。

漢字《かんじ》がたくさん並《なら》んでいるのを見《み》ると、反射的《はんしゃてき》に「何《なん》だか難《むずか》しそうだなぁ」と思《おも》ってしまう人《ひと》もいるかもしれませんね。

漢字《かんじ》はもともと、中国《ちゅうごく》からやってきた文字《もじ》です。そのせいか、漢字《かんじ》の組《く》み合《あ》わせである四字熟語《よじじゅくご》も、中国《ちゅうごく》で生《う》まれた考《かんが》え方《かた》や歴史《れきし》を由来《ゆらい》とするものが多《おお》いようです。

『じゃあ四字熟語《よじじゅくご》って、昔《むかし》の人《ひと》たちが使《つか》っていた、古《ふる》い言葉《ことば》なんだ』

いいえ、そんなことはありません！　四字熟語《よじじゅくご》は今《いま》も生《い》きた言葉《ことば》として、あちこちで使《つか》われています。少《すこ》し意識《いしき》するだけで、みなさんのまわりでも、四字熟語《よじじゅくご》は見《み》つかるはずです。

この本《ほん》は、少《すこ》しでも四字熟語《よじじゅくご》に親《した》しみを持《も》ってもらいたい、という思《おも》いから作《つく》られました。そのため、できるかぎり身近《みぢか》な例《れい》を使《つか》って、四字熟語《よじじゅくご》の意味《いみ》を説明《せつめい》しています。

「そういえば、自分《じぶん》のまわりでもこんなことがあったな」と思《おも》ったらしめたもの。ぜひ、家族《かぞく》や友《とも》だちと、四字熟語《よじじゅくご》を使《つか》った会《かい》話《わ》を楽《たの》しんでみてください。

そんな大人《おとな》っぽい言葉《ことば》を使《つか》えるなんて、かっこいい！　と思《おも》われるかもしれませんよ。

目次《もくじ》

人《ひと》の感情《かんじょう》・人間関係《にんげんかんけい》にまつわる四字熟語《よじじゅくご》 …… 73

登場人物《とうじょうじんぶつ》紹介《しょうかい》

フミ

ふたごのお姉《ねえ》さん。自信家《じしんか》で行動的《こうどうてき》な性格《せいかく》。おしゃれやかわいいものが好《す》き。

ブン

ふたごの弟《おとうと》。おとなしい性格《せいかく》で、本《ほん》を読《よ》むのが好《す》き。フミへのツッコミは的確《てきかく》。

よんジイ

山奥《やまおく》で修行《しゅぎょう》をするコクーゴ・マスター。マジペン職人《しょくにん》でもある。好《す》きな言葉《ことば》は根性《こんじょう》。

しばけん

ふたごの行《い》く先々《さきざき》についてくる不思議《ふしぎ》な犬《いぬ》。本名《ほんみょう》は「しばたけんたろう」。

ストーリー

地図《ちず》にはない、とある国《くに》。

この国《くに》では、古《ふる》くから伝《つた》わる言葉《ことば》のパワーを使《つか》って発《はっ》動《どう》させる魔法《まほう》、コクーゴ魔《ま》法《ほう》がさかんです。言葉《ことば》の知《ち》識《しき》が豊富《ほうふ》な、コクーゴ魔法《まほう》のスペシャリストには、コクーゴ・マスターの称号《しょうごう》があたえられます。ふたごたちは、魔法使《まほうつか》いの必須《ひっす》アイテム「マジカル・ペンシルスティック（通称《つうしょう》：マジペン）」を手《て》に入《い》れるべく、山《やま》奥《おく》に住《す》む職人《しょくにん》、よんジイのもとに向《む》かうのですが……。

ザッ
ザッ
私たち
はー
ふたごのコクーゴ魔法使い見習い
ブンとフミ
フミ
ブン
りっぱなコクーゴ魔法使いになるべく修行中
がんばー
うへー
コクーゴ魔法使いになるには魔法の筆記用具〝マジカル・ペンシルスティック〟が必要なのじゃ
通称マジペン!!
と師匠が言ったので、それを作っている人を探しにきたんだけど…
ヒュー
いつまで歩くのー!?
もう少しだからがんばって!
わーん

ギャ
ゆーギャー…
だれかいませんかー!!
だれかー!
生きだおれる…
カバンおとした…
もーいや…
ひょこっ
だれだ
おまえら
あ、あなたは…
マジペン職人兼
コクーゴ・マスターの
よんジイ様!
バーンッ
見つけた!

ぼくたちマジペンをもらいにきたんです
くゎっ
お願いします！マジペンちょーだい!!
パーーッ
はいどうぞ
えっ
これがマジペン……！
バシッ
おっとっとっ
だが簡単にはやれぬ
ボムッ
あらっ
これはコクーゴ魔法 奥義の一つ 四字熟語を習得した者にさずけるものだ

よじ…じゅくご？
は？
え？
これは練習用マジペンだ
ボムッ
わっ
わしもひましておったしな！
おまえらをしっかりきたえてやろう！
バッ
ゴゴゴゴゴ
よ
きたえる!?
さっそく道場へ向かうぞ！
いやー！修行とかそういうのいやー！！
よーし
四字熟語
言葉の修行ですよね!?

こうしてふたごたちは、よんジイのもとで四字熟語《よじじゅくご》の修行《しゅぎょう》をすることになりました。みなさんも、二人《ふたり》といっしょに四字熟語《よじじゅくご》を学《まな》んでいきましょう。

各《かく》ページの終《お》わりには「指《ゆび》でなぞってみよう」というコーナーがあります。みなさんはぜひ、マジペンのかわりに指《ゆび》を使《つか》って、四字熟語《よじじゅくご》をなぞってみてください。

四字熟語《よじじゅくご》の知識《ちしき》を習得《しゅうとく》するための、手助《てだす》けとなってくれるはずですよ！

人《ひと》の動《うご》き・態度《たいど》にまつわる四字熟語《よじじゅくご》

はじめは人《ひと》の行動《こうどう》や態度《たいど》を
意味《いみ》する四字熟語《よじじゅくご》を勉強《べんきょう》するぞ！
「自分《じぶん》もこんな体験《たいけん》を
したことがあったな」と
思《おも》い出《だ》しながら読《よ》むと、
覚《おぼ》えやすくなるだろう

【1】

一触即発《いっしょくそくはつ》

触《さわ》るな、危険《きけん》！

自分《じぶん》の部屋《へや》で遊《あそ》んでいると、リビングから「一触即発《いっしょくそくはつ》の空気《くうき》がただよっています！」という声《こえ》が聞《き》こえてきました。何《なん》だろうと思《おも》い、のぞいてみると、テレビで格闘技《かくとうぎ》の試合《しあい》が行《おこな》われていたのでした。

一触即発《いっしょくそくはつ》とは、**ふとしたきっかけで大事件《だいじけん》が起《お》きてしまいそうな、危険《きけん》な状況《じょうきょう》のこと**をいいます。「一触《いっしょく》」は「少《すこ》し触《さわ》る」という意味《いみ》で、「即《そく》」は「すぐに」という意味《いみ》です。テレビの中《なか》の選手《せんしゅ》たちは、どちらかが少《すこ》しでも動《うご》いたり、攻撃《こうげき》したりしたら、大乱闘《だいらんとう》になりそうな

空気《くうき》を出《だ》していました。
お父《とう》さんが「Ａ選手《せんしゅ》、がんばれ！」と言《い》うと、お母《かあ》さんが「あら、Ｂ選手《せんしゅ》のほうが強《つよ》いわよ」と言《い》い返《かえ》しました。にらみ合《あ》う二人《ふたり》を見《み》ながら、「この二人《ふたり》も一触即発《いっしょくそくはつ》だな」と思《おも》ったのでした。

指《ゆび》でなぞってみよう

一触即発

【2】一石二鳥《いっせきにちょう》

苦労《くろう》せずに得《とく》をする

お正月《しょうがつ》、お姉《ねえ》ちゃんが「今年《ことし》は料理上手《りょうりじょうず》になる！」という目標《もくひょう》を立《た》てました。そして次《つぎ》の日《ひ》から毎日《まいにち》、料理《りょうり》の本《ほん》を読《よ》みながら、ごはんを作《つく》り始《はじ》めたのです。これには、お母《かあ》さんも大喜《おおよろこ》び。

「ごはんを作《つく》らなくていいから楽《らく》ができるし、おいしいものが食《た》べられるし、一石二鳥《いっせきにちょう》ね」

一石二鳥《いっせきにちょう》は、もともとイギリスのことわざ「To kill two birds with one stone.（一個《こ》の石《いし》を投《な》げて、二匹《ひき》の鳥《とり》をとる）」から生《う》まれた四《よ》字熟語《じじゅくご》です。**一《ひと》つの行動《こうどう》から、二《ふた》つのものや利益《りえき》を得《え》ること**をいいます。**深《ふか》く考《かんが》えずにしたことが、結果的《けっかてき》に、いくつもの得《とく》を生《う》み出《だ》した**場合《ばあい》にも使《つか》えます。

自分《じぶん》もいっしょに手伝《てつだ》えば、料《りょう》理《り》も覚《おぼ》えられ、お母《かあ》さんにもほめられて一石二鳥《いっせきにちょう》かも……と、こっそり考《かんが》えたのでした。

指《ゆび》でなぞってみよう

一石二鳥

ごはんをたくときに
イモを入れれば
ポテトサラダも
作れて
一石二鳥だ!
へー
よ

似《に》た意味《いみ》の四字熟語《よじじゅくご》に「一挙両得《いっきょりょうとく》」があるよ!

【3】異口同音《いくどうおん》

みんなで口《くち》をそろえて……

休《やす》み時間《じかん》のことです。教室《きょうしつ》の窓《まど》から強《つよ》い風《かぜ》がふいてきて、たなの上《うえ》にあった花《か》びんが倒《たお》れてしまいました。ガシャンという音《おと》を聞《き》いてやってきた先生《せんせい》は「だれがやったの？」とこわい顔《かお》をしています。みんなであわてて「だれでもないよ」「風《かぜ》がふいたんだよ」と言《い》うと、先生《せんせい》はようやく納得《なっとく》してくれました。

このように、**たくさんの人《ひと》が同《おな》じタイミングで、似《に》たような言葉《ことば》を口《くち》にすること**を、**異口同音《いくどうおん》**といいます。多《おお》くの「異《こと》」なる「口《くち》」

が、「同《おな》」じ「音《おと》」を発《はっ》することから生《う》まれた四字熟語《よじじゅくご》です。
また、話《はな》し合《あ》いでみんなの意見《いけん》がそろうことも、同《おな》じように異口《いく》同音《どうおん》といいます。先生《せんせい》が、
「じゃあ、今《いま》からかわりの花《はな》をつみに行《い》きましょう」
と言《い》うと、みんなはまた、異口同《いくどう》音《おん》に賛成《さんせい》したのでした。

指《ゆび》でなぞってみよう

異口同音

【4】

威風堂堂《いふうどうどう》

近寄《ちかよ》りにくいほど立派《りっぱ》な様子《ようす》

「これから、お父《とう》さんは威風堂堂《いふうどうどう》とした父親《ちちおや》になろうと思《おも》う」

ある日《ひ》とつぜん、お父《とう》さんがそんなことを言《い》い出《だ》しました。

「昭和時代《しょうわじだい》みたいに、厳《きび》しいけれど尊敬《そんけい》される父親《ちちおや》になるからな」

どうやら、昨日《きのう》テレビで見《み》た、昭和時代《しょうわじだい》の家族《かぞく》をモデルにした映画《えいが》に影響《えいきょう》を受《う》けたようです。

威風堂堂《いふうどうどう》とは、**堂々《どうどう》としていて立派《りっぱ》な様子《ようす》や、少《すこ》し近寄《ちかよ》りにくさを感《かん》じるくらい、存在感《そんざいかん》がある様子《ようす》**を表《あらわ》します。「威風堂堂《いふうどうどう》とした態《たい》

度《ど》」「威風堂堂《いふうどうどう》と歩《ある》く」という
ように使《つか》われます。

首《くび》をかしげながら、「今《いま》でも十分《じゅうぶん》、お父《とう》さんのことを尊敬《そんけい》しているよ」と言《い》うと、とたんにお父《とう》さんはデレデレとした表情《ひょうじょう》になりました。それを見《み》ていたお母《かあ》さんは、すっかりあきれて「当分《とうぶん》、威風堂堂《いふうどうどう》とするのは無理《むり》なんじゃない？」と言《い》ったのでした。

【5】

右往左往《うおうさおう》

不安《ふあん》からあちこち歩《ある》き回《まわ》る

校庭《こうてい》でおにごっこをしていたら、友《とも》だちが転《ころ》んで、ひざにケガをしてしまいました。あわててやってきた先生《せんせい》は、ケガの具合《ぐあい》を観察《かんさつ》すると、その子《こ》を保健室《ほけんしつ》へと連《つ》れていきました。何《なん》だか落《お》ちつかず、あちこち歩《ある》き回《まわ》っていると、先生《せんせい》が「かすり傷《きず》だから、そんなに右往左往《うおうさおう》しなくても大丈夫《だいじょうぶ》だよ」と笑《わら》いながら言《い》いました。

右往左往《うおうさおう》とは、**混乱《こんらん》したり、あわてたりしたときに、いろいろな**

場所《ばしょ》を意味《いみ》もなくうろうろすることをいいます。「往《おう》」とは「行《い》く」という意味《いみ》です。もとは、本当《ほんとう》に右《みぎ》へ行《い》ったり、左《ひだり》へ行《い》ったりすることを表《あらわ》す言葉《ことば》でしたが、そのうち「方向《ほうこう》は関係《かんけい》なく、あちこちを動《うご》き回《まわ》る」という意味《いみ》に変化《へんか》しました。

手当《てあ》てを終《お》えた友《とも》だちが、いつも通《どお》り動《うご》いているのを見《み》てほっとしたのか、自分《じぶん》もようやく立《た》ち止《ど》まることができました。

指《ゆび》で なぞってみよう

右往左往

右往左往するな…
よんジイってカゼひくの!?
薬！お医者様！

【6】

温故知新《おんこちしん》

古《ふる》いことを勉強《べんきょう》すると……

温故知新《おんこちしん》とは、**昔《むかし》のことを調《しら》べたり、研究《けんきゅう》したりすることで、新《あたら》しい知識《ちしき》を見《み》つけたり、発見《はっけん》したりする**という意味《いみ》の四字熟語《よじじゅくご》です。『論語《ろんご》』という本《ほん》に残《のこ》された、昔《むかし》の中国《ちゅうごく》の学者《がくしゃ》・孔子《こうし》の「故《ふる》きを温《たず》ねて新《あたら》しきを知《し》る、以《もっ》て師《し》と為《な》るべし（昔《むかし》のことを調《しら》べ、そこから新《あたら》しい知識《ちしき》を得《え》られる人《ひと》こそ、先生《せんせい》になるのにふさわしい人《ひと》である）」という言葉《ことば》から生《う》まれました。

電気屋《でんきや》さんで「炭《すみ》の成分《せいぶん》がふくまれた炊飯器《すいはんき》」を見《み》たことはあり

ませんか?　「炭火《すみび》でごはんをたく」「ごはんの中《なか》に炭《すみ》を入《い》れてたく」という昔《むかし》ながらの方《ほう》法《ほう》を見直《みなお》したら、「炭《すみ》を使《つか》って炊飯器《すいはんき》を作《つく》ったら、おいしいごはんがたける」ということがわかり、生《う》まれた商品《しょうひん》です。まさに、温故知新《おんこちしん》の結果《けっか》だといえるでしょう。

たまには、歴史《れきし》や伝記《でんき》の本《ほん》などから、昔《むかし》の人《ひと》の言葉《ことば》や考《かんが》えを振《ふ》り返《かえ》ってみてください。

指《ゆび》でなぞってみよう

温故知新

【7】

快刀乱麻《かいとうらんま》

問題《もんだい》をあざやかに解決《かいけつ》！

お母《かあ》さんといっしょに、推理《すいり》ドラマを見《み》ていたときのことです。複雑《ふくざつ》なアリバイをくずした探偵《たんてい》が犯人《はんにん》を言《い》い当《あ》てたとき、お母《かあ》さんが「さすが、快刀乱麻《かいとうらんま》のなぞ解《と》きだったわね」と言《い》いました。

それを聞《き》いて、思《おも》わず首《くび》をかしげてしまいました。テレビに映《うつ》っているのは、「かいとう（怪盗《かいとう》）」じゃなくて「たんてい（探偵《たんてい》）」です。お母《かあ》さんは何《なに》を言《い》ってるのでしょう？

快刀乱麻《かいとうらんま》とは、**複雑《ふくざつ》にからまってしまった事件《じけん》や出来事《できごと》を、あざ**

やかに解決《かいけつ》する様子《ようす》を表《あらわ》す四字熟語《よじじゅくご》です。切《き》れ味《あじ》のいい（＝「快《こころよ》い）「刀《かたな》」で、「乱《みだ》」れてこんがらがった「麻《あさ》」のひもをすっぱりと切《き》る、そんな場面《ばめん》から生《う》まれた言葉《ことば》だといわれています。

とんちんかんな質問《しつもん》を受《う》けたお母《かあ》さんは、めいっぱい笑《わら》ったあと、快刀乱麻《かいとうらんま》の本当《ほんとう》の意味《いみ》を教《おし》えてくれたのでした。

指《ゆび》でなぞってみよう

快刀乱麻

【8】

我田引水《がでんいんすい》

自分勝手《じぶんかって》な行動《こうどう》をする

家族《かぞく》で、夏休《なつやす》みに旅行《りょこう》に行《い》くことになりました。みんなで「どこへ行《い》こう？」「何《なに》を食《た》べよう？」と話《はな》し合《あ》っていると、お姉《ねえ》ちゃんがとつぜん「私《わたし》が計画《けいかく》を立《た》てる！」と言《い》い出《だ》しました。

数日後《すうじつご》、発表《はっぴょう》された計画《けいかく》は、お姉《ねえ》ちゃんが行《い》きたい場所《ばしょ》、したいこと、食《た》べたいもの……お姉《ねえ》ちゃんの好《す》きなものでいっぱいです。

「そんな我田引水《がでんいんすい》な計画《けいかく》、ダメに決《き》まってるでしょ！」

お母《かあ》さんはぷんぷんおこっています。**我田引水《がでんいんすい》**とは、**物事《ものごと》すべて**

を自分《じぶん》の都合《つごう》のいいように言《い》ったりしたりすることを表《あらわ》す四字熟語《よじじゅくご》。他《ほか》の人《ひと》の田《た》んぼにも水《みず》が必要《ひつよう》なのに、「『我《われ》』の『田《た》』んぼだけに『水《みず》』を『引《ひ》』く」、そんな自分勝手《じぶんかって》な行動《こうどう》から生《う》まれた言葉《ことば》です。

「せっかく決《き》めたのに！」と文句《もんく》を言《い》っていたお姉《ねえ》ちゃんでしたが、お母《かあ》さんにおこられてちょっぴり反省《はんせい》したようでした。

指《ゆび》でなぞってみよう

我田引水

【9】

鯨飲馬食《げいいんばしょく》

動物《どうぶつ》のように食《た》べて、飲《の》む！

いなかのおじいちゃんは、もうすぐ八十歳《さい》になるにもかかわらず、お父《とう》さんよりもたくさんごはんを食《た》べ、お酒《さけ》を飲《の》みます。病院《びょういん》で検《けん》査《さ》をしても、どこも悪《わる》くないそうです。「もっと少《すく》なくしたら？」と、心配《しんぱい》そうに言《い》うおばあちゃんに、おじいちゃんは、

「なあに、朝《あさ》から畑仕事《はたけしごと》をしているんだから、おなかもすくさ。それに、昔《むかし》から鯨飲馬食《げいいんばしょく》で有名《ゆうめい》だったんだから、心配《しんぱい》ないよ」

と言《い》って、わっはっはと笑《わら》います。

鯨飲馬食《げいいんばしょく》とは、文字通《もじどお》り、「鯨《くじら》」のように「飲《の》」み、「馬《うま》」のようによく「食《た》」べる、大食《おおぐ》い、大酒飲《おおざけの》みのことを表《あらわ》す言葉《ことば》です。鯨《くじら》を牛《うし》にかえて、「牛飲馬食《ぎゅういんばしょく》」ということもあります。

食欲《しょくよく》がおうせいなのは、健康《けんこう》な証拠《しょうこ》です。おじいちゃんには、いつまでも元気《げんき》でいてほしいなと思《おも》いました。

指《ゆび》でなぞってみよう

鯨飲馬食

【10】

公明正大《こうめいせいだい》

公平《こうへい》で正《ただ》しい様子《ようす》

新《あたら》しくきた校長先生《こうちょうせんせい》は、とても公平《こうへい》に物事《ものごと》を解決《かいけつ》する人《ひと》です。ケンカをしている子《こ》どもたちを見《み》つけると、それぞれに話《はなし》を聞《き》いて、おたがいが納得《なっとく》するように話《はなし》をまとめます。たとえもめているのが上級生《じょうきゅうせい》と下級生《かきゅうせい》でも、年上《としうえ》をひいきするようなことはありません。家《いえ》でお父《とう》さんにこの話《はなし》をすると、お父《とう》さんは感心《かんしん》したように、

「校長先生《こうちょうせんせい》は、すごく公明正大《こうめいせいだい》な人《ひと》なんだなぁ」

と言《い》いました。**公明正大《こうめいせいだい》**とは、**自分《じぶん》の損得《そんとく》は考《かんが》えず、物事《ものごと》を正《ただ》しく、**

公平《こうへい》に判断《はんだん》することを表《あらわ》す四字《よじ》熟語《じゅくご》です。「公明《こうめい》」とは、後《うし》ろめたいことや、かくすところがないことを、「正大《せいだい》」とは正《ただ》しいことをして、堂々《どうどう》としていることをいいます。

「世《よ》の中《なか》には、自分《じぶん》が得《とく》することを考《かんが》える人《ひと》もたくさんいるから、校長先生《こうちょうせんせい》みたいな人《ひと》をお手本《てほん》にしなくちゃダメだぞ」というお父《とう》さんの言葉《ことば》に、深《ふか》くうなずいたのでした。

指《ゆび》でなぞってみよう

公明正大

わしが一番年上で修行もがんばっている
よってプリンはわしのものとする
全然公明正大じゃない！

【11】

自画自賛《じがじさん》

自分《じぶん》で自分《じぶん》をほめる

『白雪姫《しらゆきひめ》』の物語《ものがたり》の中《なか》で、白雪姫《しらゆきひめ》の継母《ままはは》は、鏡《かがみ》に向《む》かって「世界《せかい》で一番美《いちばんうつく》しいのはだれ？」とたずねます。「それは白雪姫《しらゆきひめ》です」と言《い》われておこり出《だ》す……というのがあらすじですが、継母自身《ままははじしん》は「自分《じぶん》が世界《せかい》で一番美《いちばんうつく》しい！」と思《おも》っていたにちがいありません。だからこそ、自分《じぶん》の予想《よそう》とちがうことを言《い》った鏡《かがみ》におこったのです。

この継母《ままはは》のように、**自分《じぶん》の外見《がいけん》、言動《げんどう》や行動《こうどう》、作品《さくひん》などを「自分《じぶん》で」ほめること**を、**自画自賛《じがじさん》**といいます。「自《じ》」分《ぶん》の「画《え》」に「自《じ》」

分《ぶん》で「賛《さん》（絵《え》につける解説《かいせつ》のようなもの。ふつうは、他《ほか》の人《ひと》に書《か》いてもらう）」をつける様子《ようす》から生《う》まれた四字熟語《よじじゅくご》です。

自分《じぶん》で自分《じぶん》をほめるのはとても大切《たいせつ》なことですが、継母《ままはは》のように、人《ひと》の意見《いけん》を聞《き》かなくなるのは困《こま》りものですね。

似《に》た意味《いみ》の四字熟語《よじじゅくご》に「手前味噌《てまえみそ》」があるよ！

指《ゆび》でなぞってみよう

自画自賛

【12】

試行錯誤《しこうさくご》

試《ため》して失敗《しっぱい》して、また試《ため》す

近所《きんじょ》に、野菜《やさい》を使《つか》ったケーキのお店《みせ》ができました。「そんなのおいしいのかな？」と思《おも》いましたが、食《た》べてみてびっくり。全部《ぜんぶ》、ふつうのケーキだと言《い》われても気《き》づかないくらいおいしいのです。お店《みせ》には〝試行錯誤《しこうさくご》をくり返《かえ》して、野菜《やさい》がきらいな人《ひと》でも食《た》べられる野《や》菜《さい》ケーキを完成《かんせい》させました〟と書《か》いてあります。

試行錯誤《しこうさくご》とは、**たくさん試《ため》して失敗《しっぱい》をし、その結果成功《けっかせいこう》にたどりつく様子《ようす》**をいいます。「試行《しこう》」は「試《ため》すこと」を、「錯誤《さくご》」は「まちがえること」をそれぞれ意味《いみ》する言葉《ことば》です。
最初《さいしょ》から「かんたんに目標《もくひょう》にたどりつけた！」という人《ひと》はめったにいません。大発明家《だいはつめいか》のエジソンも、飛行機《ひこうき》を作《つく》って空《そら》を飛《と》んだライト兄弟《きょうだい》も、みなさんが大好《だいす》きなスポーツ選手《せんしゅ》たちも、試行錯誤《しこうさくご》をくり返《かえ》すことで、歴史《れきし》に残《のこ》るような結果《けっか》を出《だ》しているのです。

指《ゆび》でなぞってみよう

試行錯誤

【13】

七転八倒《しちてんばっとう》

苦《くる》しみのたうちまわる

ある日《ひ》、いつも「健康《けんこう》がとりえ」と自慢《じまん》しているお父《とう》さんが、苦《くる》しそうにうめいていました。どうやら、消費期限切《しょうひきげんぎ》れのものを食《た》べて、食《しょく》あたりになったようです。その後《ご》、元気《げんき》になったお父《とう》さんは、「生《う》まれて初《はじ》めて七転八倒《しちてんばっとう》の苦《くる》しみを味《あじ》わったよ」と言《い》いました。

七転八倒《しちてんばっとう》とは文字通《もじどお》り「七回転《かいころ》んで」、起《お》き上《あ》がることもできずに、さらに「八回倒《かいたお》れる」、そのくらい苦《くる》しんで、転《ころ》げ回《まわ》る様子《ようす》を表《あらわ》した四字熟語《よじじゅくご》です。中国《ちゅうごく》の学者《がくしゃ》・朱子《しゅし》の言葉《ことば》を集《あつ》めた本《ほん》『朱子語類《しゅしごるい》』の中《なか》で、大混乱《だいこんらん》を起《お》こしながらくずれ落《お》ちていく古代中国《こだいちゅうごく》の様子《ようす》を「七《しち》転八倒《てんばっとう》」と表現《ひょうげん》したのが最初《さいしょ》だとされています。

「もう期限《きげん》の切《き》れたものは食《た》べないほうがいいね」と言《い》うと、お父《とう》さんは首《くび》を振《ふ》って、「次《つぎ》は大丈夫《だいじょうぶ》。七転八起《しちてんはっき》の精神《せいしん》でがんばるよ」などと言《い》います。ちっともこりていないのでした。

※七転八起《しちてんはっき》は、96ページを見《み》てね

砂糖と塩をまちがえちゃった
七転八倒クッキーと名づけよう
うおおおお

指《ゆび》でなぞってみよう

七転八倒

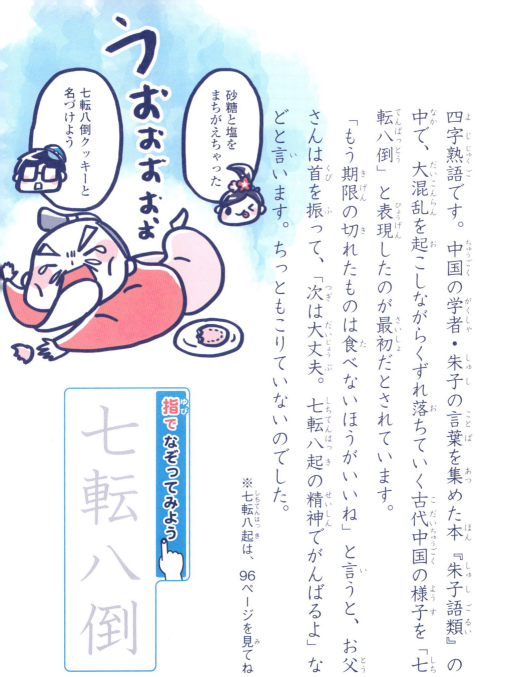

【14】

自問自答《じもんじとう》

答《こた》えを知《し》っているのは自分《じぶん》？

悩《なや》みができたとき、みなさんはまず、だれに相談《そうだん》しますか？　お父《とう》さんやお母《かあ》さん、仲《なか》よしの友《とも》だち、担任《たんにん》の先生《せんせい》……話《はなし》を聞《き》いてくれる相手《あいて》はたくさんいますが、だれよりもまず「自分自身《じぶんじしん》」に「ねえ、どうしたい？」とたずねてみるのではないでしょうか。

「自《じ》」分《ぶん》でたずねた「問《もん》」題《だい》に、「自《じ》」分《ぶん》で「答《こた》」えること、答《こた》えようと努力《どりょく》することを、自問自答《じもんじとう》といいます。自問自答《じもんじとう》は、これから大人《おとな》になるみなさんが、考《かんが》える力《ちから》や物事《ものごと》を解決《かいけつ》する力《ちから》を身《み》につける

ために、必《かなら》ずしておいてほしいことです。もちろん、考《かんが》えても答《こた》えが出《で》てこないことや、できるだけ早《はや》くだれかに相談《そうだん》したほうがいい問題《もんだい》もあります。ですが、それが一人《ひとり》で答《こた》えを出《だ》せそうな小《ちい》さな迷《まよ》いなら、まずは自問自答《じもんじとう》してみてはどうでしょうか。

指《ゆび》でなぞってみよう

自問自答

【15】

支離滅裂《しりめつれつ》

言葉《ことば》も行動《こうどう》もバラバラ！

妹《いもうと》が、とつぜん「バレエを習《なら》いたい！」と言《い》い出《だ》しました。どうして？　と聞《き》くと「ふわふわした服《ふく》がきれいだから」「体《からだ》がやわらかくなりたいから」「お化粧《けしょう》をしてみたいから」など、たくさんの理由《りゆう》が出《で》てきます。

言《い》っていることとやっていることがめちゃくちゃで、きちんとした理由《りゆう》や目的《もくてき》がわからない様子《ようす》を、**支離滅裂《しりめつれつ》**といいます。「支離《しり》」も「滅裂《めつれつ》」も、「ばらばらになる」という意味《いみ》の言葉《ことば》です。バレエを習《なら》うためにあらゆる理由《りゆう》をならべる妹《いもうと》も「支《し》離《り》滅裂《めつれつ》なことを言《い》っている」ということになります。

結局《けっきょく》、妹《いもうと》がバレエを習《なら》いたい理由《りゆう》は「友《とも》だちが通《かよ》っているから」だったようです。「まねしているだけ」と思《おも》われたくなくて、言《い》い訳《わけ》をしていたから、支《し》離《り》滅裂《めつれつ》になってしまったのですね。

指《ゆび》でなぞってみよう

支離滅裂

私 今日
おなか痛いから
修行休むー
言ってることと
やってることが
支離滅裂だな…
ポテチ

【16】

針小棒大《しんしょうぼうだい》

ささいな出来事《できごと》を大《おお》げさに

親戚《しんせき》の子《こ》が家《いえ》に遊《あそ》びに来《き》ました。まだ話《はな》せるようになったばかりで、大人《おとな》たちから聞《き》かれたことに答《こた》えようと一生懸命《いっしょうけんめい》です。「昨日《きのう》は何《なに》を食《た》べた?」という質問《しつもん》に、手《て》を大《おお》きく広《ひろ》げ「すごくおっきいハンバーグ!」と言《い》ったり、「ここまで来《く》るのにどのくらいかかった?」と聞《き》かれて「いち、に、さんにちくらい」と言《い》ったり……。大人《おとな》たちは「小《ちい》さい子《こ》の話《はなし》は針小棒大《しんしょうぼうだい》でおもしろいね」と言《い》いながら笑《わら》っていました。

針小棒大《しんしょうぼうだい》とは、「針《はり》」のように「小《ちい》」さいことを、「棒《ぼう》」のように「大《おお》」きく言《い》うこと、つまり**物事《ものごと》を大《おお》げさに話《はな》す様子《ようす》**を意味《いみ》する四字《よじ》熟語《じゅくご》です。ささいな出来事《できごと》を大《おお》げさに話《はな》すのはあまりいいことではありませんが、小《ちい》さな子《こ》が自分《じぶん》の経験《けいけん》を「大事件《だいじけん》」として話《はな》している姿《すがた》は、何《なん》だかほほえましく感《かん》じられますね。

指《ゆび》で なぞってみよう

針小棒大

【17】晴耕雨読《せいこううどく》

自然《しぜん》にそった健康的《けんこうてき》なくらし

六十歳《さい》になって、会社《かいしゃ》を定年退職《ていねんたいしょく》した親戚《しんせき》のおじさんは、近《ちか》ごろとても楽《たの》しそうです。晴《は》れた日《ひ》は趣味《しゅみ》のテニスに出《で》かけ、雨《あめ》の日《ひ》は「ずっとやってみたかった」と、そば打《う》ちやパン作《づく》りにチャレンジしています。その話《はなし》を聞《き》いたお父《とう》さんは、「晴耕雨読《せいこううどく》の生活《せいかつ》とはこのことだね」と、何《なん》だかうらやましそうです。

晴耕雨読《せいこううどく》とは、**「晴《は》」れた日《ひ》は畑《はたけ》を「耕《たがや》」し、「雨《あめ》」の日《ひ》は本《ほん》を**

「読《よ》」む、そんな昔《むかし》ながらののんびりした生活《せいかつ》を意味《いみ》する四字熟語《よじじゅくご》です。現在《げんざい》では、**晴《は》れた日《ひ》は体《からだ》を動《うご》かし、雨《あめ》の日《ひ》は家《いえ》の中《なか》でできる趣味《しゅみ》を楽《たの》しむ生活《せいかつ》**を送《おく》るという意味《いみ》になりました。かつては当《あ》たり前《まえ》だった晴耕雨読《せいこううどく》のくらしが、今《いま》ではうらやましがられているというのは不思議《ふしぎ》ですね。

指《ゆび》で なぞってみよう

晴耕雨読

晴れの日も雨の日も修行！
晴れの日も雨の日も読書！
晴耕雨読とはほど遠いわね…
よ

【18】

誠心誠意《せいしんせいい》

まごころをこめて人《ひと》と接《せっ》する

晩《ばん》ご飯《はん》にピザを注文《ちゅうもん》することになりました。しかし、届《とど》いたピザは注文《ちゅうもん》したピザとは別《べつ》のもの！　電話《でんわ》すると、店員《てんいん》さんが急《いそ》いで注《ちゅう》文通《もんどお》りのピザを持《も》ってきてくれました。一生懸命《いっしょうけんめい》に頭《あたま》を下《さ》げて謝《あやま》る店員《てんいん》さんの姿《すがた》に、お父《とう》さんもお母《かあ》さんも感心《かんしん》したようです。

このように、**うそのない誠実《せいじつ》な心《こころ》で人《ひと》と接《せっ》する様子《ようす》**を、**誠心誠意《せいしんせいい》**といいます。「誠心誠意《せいしんせいい》、話《はな》をする」「誠心誠意《せいしんせいい》、謝《あやま》る」のように、動《うご》きを表《あらわ》す言葉《ことば》といっしょに使《つか》われることが多《おお》いです。

まごころをこめて話《はなし》をしてくれる人《ひと》は、気持《きも》ちがいいものです。何《なに》かまちがいをしてしまって謝《あやま》るときはもちろんのこと、ふだんから「誠心誠意《せいしんせいい》」の四文字《もじ》を忘《わす》れずにいたいですね。

指《ゆび》でなぞってみよう

誠心誠意

【19】

清廉潔白《せいれんけっぱく》

下心《したごころ》なく、正《ただ》しいことをする

時代《じだい》が江戸《えど》から明治《めいじ》に変《か》わってすぐのことです。当時《とうじ》、徳川幕府《とくがわばくふ》の命令《めいれい》で、京都《きょうと》の町《まち》を守《まも》っていた会津藩《あいづはん》（今《いま》の福島県《ふくしまけん》）が「幕府《ばくふ》に味方《みかた》をする天皇《てんのう》の敵《てき》」とされ、攻撃《こうげき》を受《う》けました。しかし会津《あいづ》の人々《ひとびと》は「自分《じぶん》たちは、主《あるじ》の命令《めいれい》に従《したが》っただけ」と、自分《じぶん》たちの清廉潔白《せいれんけっぱく》をうったえ続《つづ》けました。

清廉潔白《せいれんけっぱく》とは、**下心《したごころ》や欲《よく》などがなく、身《み》も心《こころ》もきれいな状態《じょうたい》で、正《ただ》しいことをする様子《ようす》**を表《あらわ》します。「清廉《せいれん》」は清《きよ》らかな心《こころ》を、「潔白《けっぱく》」

は後《うし》ろめたさがないことを意味《いみ》する言葉《ことば》です。
時代《じだい》の変《か》わり目《め》には、これまで「よい」とされていたことが、とつぜん「悪《わる》い」とされることがよくあります。会津藩《あいづはん》は、彼《かれ》らなりの清廉《せいれん》潔白《けっぱく》をつらぬき、戦《たたか》いぬいたのです。

指《ゆび》でなぞってみよう

清廉潔白

【20】

単刀直入《たんとうちょくにゅう》

いきなり本題《ほんだい》にぐさり！

ある日《ひ》の学校帰《がっこうがえ》り、仲《なか》よしの友《とも》だちに、近所《きんじょ》の公園《こうえん》に呼《よ》び出《だ》されました。不思議《ふしぎ》に思《おも》いながらも公園《こうえん》へ向《む》かうと、友《とも》だちは何《なん》だか暗《くら》い顔《かお》をしています。そして泣《な》きそうな声《こえ》で言《い》いました。

「単刀直入《たんとうちょくにゅう》に聞《き》くけど、Ａくんのことが好《す》きなんじゃない？」

単刀直入《たんとうちょくにゅう》とは、**遠回《とおまわ》しな話《はなし》をせず、いきなり本題《ほんだい》に入《はい》る**という意《い》味《み》の四字熟語《よじじゅくご》です。古代中国《こだいちゅうごく》の仏教《ぶっきょう》の本《ほん》『景徳伝灯録《けいとくでんとうろく》』に、「一本《いっぽん》の刀《かたな》でまっすぐに切《き》りこんでいけば、どんな人《ひと》でも本当《ほんとう》の心《こころ》を見《み》せる」

と書《か》かれていたことから生《う》まれました。

……とはいえ、そんなことを言《い》われてこちらはびっくり！　Aくんはおさななじみですが、いくら単刀直入《たんとうちょくにゅう》に聞《き》かれようと、好《す》きだと思《おも》ったことは一度《いちど》もありません。

それを聞《き》き、満面《まんめん》の笑顔《えがお》になった友《とも》だちを見《み》て、誤解《ごかい》が解《と》けてよかったとホッとしたのでした。

指《ゆび》でなぞってみよう

単刀直入

【21】朝令暮改《ちょうれいぼかい》

言《い》うことがすぐに変《か》わる！

夏休《なつやす》みに、お母《かあ》さんが「せっかくの休《やす》みなんだから、家《いえ》にばかりいないで、外《そと》で遊《あそ》んできなさい！」と言《い》ったとします。しかし次《つぎ》の日《ひ》に「外《そと》にばかり出《で》かけていないで、たまには家《いえ》でお手伝《てつだ》いでもしたら？」と言《い》ったらどうでしょう。「言《い》ってることがころころ変《か》わって、どうしたらいいのかわからない！」となりませんか？

規則《きそく》ややり方《かた》などがしょっちゅう変《か》わってしまい、信用《しんよう》できないことを、**朝令暮改《ちょうれいぼかい》**といいます。古代中国《こだいちゅうごく》の歴史書《れきししょ》『漢書《かんしょ》』の中《なか》にある「朝《あさ》に令《れい》して暮《くれ》に改《あらた》む（朝《あさ》に命令《めいれい》したことを、その日《ひ》の夕方《ゆうがた》には変更《へんこう》する）」という言葉《ことば》が由来《ゆらい》となってできた四字熟語《よじじゅくご》です。

時間《じかん》がたつにつれて物事《ものごと》が変《か》わるのは当《あ》たり前《まえ》ですが、短《みじか》い間《あいだ》に何度《なんど》も言《い》われることが変《か》わっては困《こま》りますね。

指《ゆび》でなぞってみよう

朝令暮改

【22】

馬耳東風《ばじとうふう》

人《ひと》の意見《いけん》を聞《き》かないと……？

弟《おとうと》は歯《は》みがきが大《だい》きらい。お母《かあ》さんの「虫歯《むしば》になるわよ！」という声《こえ》を無視《むし》し、しょっちゅう歯《は》みがきをさぼります。

そんな弟《おとうと》がある日《ひ》、歯《は》が痛《いた》いと言《い》い出《だ》しました。お母《かあ》さんは、「あれだけ言《い》ったのに、いつも馬耳東風《ばじとうふう》なんだから！」と、ぷんぷんしながら歯医者《はいしゃ》に予約《よやく》を入《い》れました。

「東風《とうふう》」とは「春風《はるかぜ》」のこと。春風《はるかぜ》がふくと「春《はる》になるんだなあ」とうれしくなる人間《にんげん》とはちがい、馬《うま》はおそらく、春風《はるかぜ》の音《おと》など気《き》に

しません。このことから、**馬耳東《ばじとう》風《ふう》**は**人《ひと》の話《はなし》を聞《き》き流《なが》す**という意味《いみ》の四字熟語《よじじゅくご》になりました。

「甘《あま》いものはしばらく禁止《きんし》です」と言《い》われた弟《おとうと》は、今回《こんかい》ばかりは話《はなし》を聞《き》き流《なが》すことができず、痛《いた》みと悲《かな》しみで涙《なみだ》をこぼしたのでした。

指《ゆび》で なぞってみよう

馬耳東風

【23】

不言実行《ふげんじっこう》

心《こころ》で決《き》めたことを実行《じっこう》する

同《おな》じクラスのBくんは、目立《めだ》つタイプではありませんが、いつも笑顔《えがお》で感《かん》じのいい子《こ》です。そんなBくんが体育《たいいく》の時間《じかん》に、五十メートル走《そう》で男子《だんし》トップの成績《せいせき》を出《だ》しました。とつぜんの大《だい》かつやくに、みんなびっくり。Bくんは、

「不言実行《ふげんじっこう》で、みんなをおどろかそうと思《おも》ったんだ」

と言《い》って、てれたように笑《わら》いました。

不言実行《ふげんじっこう》とは、**だれにも何《なに》も言《い》わずに、決《き》めたことを一人《ひとり》で実行《じっこう》**

する様子《ようす》をいいます。Bくんも、走《はし》る練習《れんしゅう》をしていることを、だれにも話《はな》していませんでした。「足《あし》を速《はや》くする！」と心《こころ》の中《なか》で決《き》めて、一人《ひとり》もくもくと練習《れんしゅう》をしたのです。

クラスメートたちは、みんなでBくんに拍手《はくしゅ》をおくったのでした。

指《ゆび》でなぞってみよう

不言実行

【24】

付《ふ》和《わ》雷《らい》同《どう》

理《り》由《ゆう》もなく、人《ひと》に流《なが》される

お父《とう》さんが、ふきげんそうな顔《かお》をして会社《かいしゃ》から帰《かえ》ってきました。

「今日《きょう》、会社《かいしゃ》で話《はな》し合《あ》いがあったんだけど、みんながえらい人《ひと》の意《い》見《けん》に付和雷同《ふわらいどう》するんだよ」

お父《とう》さんが、お母《かあ》さんにそんなことを話《はな》しているのが聞《き》こえます。

付和雷同《ふわらいどう》とは、**自分《じぶん》の意見《いけん》がない人《ひと》が、他《ほか》の人《ひと》の意見《いけん》に「何《なん》となく」賛成《さんせい》すること**を意味《いみ》する四字熟語《よじじゅくご》です。『礼記《らいき》』という、昔《むかし》の中《ちゅう》国《ごく》のしきたりや決《き》まりが書《か》かれた本《ほん》の中《なか》に「雷同《らいどう》するなかれ（雷《かみなり》の音《おと》があらゆるものに響《ひび》くように、「考《かんが》えなく人《ひと》の意見《いけん》に賛成《さんせい》＝付和《ふわ》」してはいけない）」と書《か》かれていたことから生《う》まれました。

どうやら大人《おとな》の中《なか》にも、自分《じぶん》の意見《いけん》を言《い》わない人《ひと》がいるようです。今度《こんど》の学級会《がっきゅうかい》では、しっかり自分《じぶん》の意見《いけん》を言《い》おうと思《おも》いました。

指《ゆび》でなぞってみよう

付和雷同

【25】傍若無人《ぼうじゃくぶじん》

自分勝手《じぶんかって》に振《ふ》るまう人《ひと》

鎌倉幕府《かまくらばくふ》を開《ひら》いた源頼朝《みなもとのよりとも》の弟《おとうと》、源義経《みなもとのよしつね》（牛若丸《うしわかまる》）には、信頼《しんらい》する家来《けらい》がいました。その人《ひと》は、武蔵坊弁慶《むさしぼうべんけい》という名《な》のお坊《ぼう》さんでしたが、義経《よしつね》と出会《であ》うまでは乱暴《らんぼう》で手《て》がつけられず、お寺《てら》を追《お》い出《だ》されたこともあったそうです。

弁慶《べんけい》のように、**他《ほか》の人《ひと》のことを気《き》にせず、自分《じぶん》の好《す》きなように振《ふ》るまう様子《ようす》**を傍若無人《ぼうじゃくぶじん》といいます。古代中国《こだいちゅうごく》の歴史書《れきししょ》『史記《しき》』の中《なか》にある「傍《かたわ》らに人無《ひとな》き者《もの》の若《ごと》し（そばに人《ひと》がいないかのように）」と

いう文《ぶん》が由来《ゆらい》です。
みなさんのまわりにも「傍若無《ぼうじゃくぶ》人《じん》なやつ!」と思《おも》う人《ひと》がいるかもしれません。けれど義経《よしつね》に出会《であ》った弁慶《べんけい》が、彼《かれ》に命《いのち》がけでつくしたように、少《すこ》しのきっかけで人《ひと》は変《か》われるものなのです。

指《ゆび》でなぞってみよう

傍若無人

【26】

粒粒辛苦《りゅうりゅうしんく》

こつこつ努力《どりょく》を続《つづ》ける

小学校《しょうがっこう》に、卒業生《そつぎょうせい》だという人《ひと》が講演《こうえん》に来《き》ました。なんでも、今《いま》は会社《かいしゃ》で、ロケットを作《つく》る仕事《しごと》をしているそうです。すごい仕事《しごと》だなあと思《おも》っていると、その人《ひと》が言《い》いました。

「宇宙《うちゅう》に関《かか》わる仕事《しごと》は、はなやかに思《おも》えますが、実《じつ》は粒粒辛苦《りゅうりゅうしんく》の積《つ》み重《かさ》ねなのです」

粒粒辛苦《りゅうりゅうしんく》とは、**地味《じみ》な作業《さぎょう》や努力《どりょく》を、こつこつ続《つづ》けること**を表《あらわ》す四字熟語《よじじゅくご》です。昔《むかし》の中国《ちゅうごく》の詩人《しじん》・李紳《りしん》が書《か》いた詩《し》の中《なか》にある、お米《こめ》の一《ひと》「粒《つぶ》」一《ひと》「粒《つぶ》」は、「辛《つら》」いことや「苦《くる》」しいことが積《つ》み重《かさ》なって生《う》まれたものである、という文《ぶん》がもとになっています。

ロケットに限《かぎ》らず、身《み》のまわりのすべてのものには、それを作《つく》る人々《ひとびと》の粒粒辛苦《りゅうりゅうしんく》が詰《つ》まっていることを、忘《わす》れないでくださいね。

指《ゆび》でなぞってみよう

粒粒辛苦

粒粒辛苦の修行がコクーゴ・マスターになる秘訣なのだ
あと100!?
これって魔法に関係あるの!?

似《に》た意味《いみ》の四字熟語《よじじゅくご》に「苦心惨憺《くしんさんたん》」があるよ！

【27】

臨機応変《りんきおうへん》

その場《ば》に応《おう》じた行動《こうどう》をとる

今日《きょう》はまちにまった学芸会《がくげいかい》の日《ひ》。クラスごとに劇《げき》を発表《はっぴょう》します。ところが朝《あさ》の会《かい》で、重要《じゅうよう》な役《やく》を演《えん》じる子《こ》が、かぜをひいて欠席《けっせき》すると知《し》らされました。クラスのみんなは大《おお》あわて。しかし先生《せんせい》は、「みんなで臨機応変《りんきおうへん》に動《うご》いて、欠席《けっせき》した子《こ》の分《ぶん》までがんばろう！」と言《い》うと、その場《ば》でみんなの意見《いけん》を聞《き》きながら、あっというまに登《とう》場人物《じょうじんぶつ》を減《へ》らした台本《だいほん》を作《つく》り上《あ》げてしまったのです。

臨機応変《りんきおうへん》とは、**状況《じょうきょう》を見《み》ながら、その場《ば》にもっとも適《てき》した行動《こうどう》を**

とることをいいます。中国《ちゅうごく》の歴史書《れきししょ》『南史《なんし》』にある「われ自《みずか》ら機《き》に臨《のぞ》み変《へん》を制《せい》す（私《わたし》は状況《じょうきょう》を見《み》ながら自分《じぶん》をコントロールすることができる）」という言葉《ことば》が由来《ゆらい》です。

先生《せんせい》につられるように、みんなが臨機応変《りんきおうへん》に行動《こうどう》した結果《けっか》、劇《げき》は大成功《だいせいこう》。たくさんの拍手《はくしゅ》をもらうことができたのでした。

似《に》た意味《いみ》の四字熟語《よじじゅくご》に「当意即妙《とういそくみょう》」があるよ！

指《ゆび》でなぞってみよう

臨機応変

クイズ 試《し》練《れん》をあたえる！①

初級《しょきゅう》 虫食《むしく》い四字熟語《よじじゅくご》を読《よ》んでみよ！

四字熟語《よじじゅくご》を記《しる》しておいた巻物《まきもの》が、どうやら虫《むし》に食《く》われてしまったようだ。
もともと何《なん》と書《か》いてあったかを読《よ》み解《と》き、正《ただ》しい四字熟語《よじじゅくご》を教《おし》えておくれ。

第《だい》1問《もん》

第《だい》2問《もん》

第《だい》３問《もん》

第《だい》４問《もん》

第《だい》５問《もん》

答《こた》えは72ページに！

中級《ちゅうきゅう》

四字熟語《よじじゅくご》の穴《あな》をうめろ！

おやおや、今度《こんど》は文字《もじ》ごと虫《むし》に食《く》われてしまったようだな。左下《ひだりした》の「穴《あな》うめ用漢字《ようかんじ》」から漢字《かんじ》を選《えら》んで、正《ただ》しい四字熟語《よじじゅくご》に直《なお》してくれ。ただし、ダミーもあるから気《き》をつけるんだぞ。

第《だい》１問《もん》

□石□鳥

第《だい》２問《もん》

快□乱麻

第《だい》3問《もん》

晴　　読

第《だい》4問《もん》

粒粒　　

第《だい》5問《もん》

傍　　人

穴《あな》うめ用漢字《ようかんじ》

一	甘	苦	否	刃	雨	耕	辛	畑
雷	二	無	若	三	花	刀	風	楽

答《こた》えは72ページに！

試《し》練《れん》の答《こた》え

初《しょ》級《きゅう》

第《だい》1問《もん》　右《う》往《おう》左《さ》往《おう》

第《だい》2問《もん》　不《ふ》言《げん》実《じっ》行《こう》

第《だい》3問《もん》　馬《ば》耳《じ》東《とう》風《ふう》

第《だい》4問《もん》　単《たん》刀《とう》直《ちょく》入《にゅう》

第《だい》5問《もん》　付《ふ》和《わ》雷《らい》同《どう》

中《ちゅう》級《きゅう》

第《だい》1問《もん》　一《いっ》石《せき》二《に》鳥《ちょう》

第《だい》2問《もん》　快《かい》刀《とう》乱《らん》麻《ま》

第《だい》3問《もん》　晴《せい》耕《こう》雨《う》読《どく》

第《だい》4問《もん》　粒《りゅう》粒《りゅう》辛《しん》苦《く》

第《だい》5問《もん》　傍《ぼう》若《じゃく》無《ぶ》人《じん》

人《ひと》の感情《かんじょう》・人間関係《にんげんかんけい》にまつわる四字熟語《よじじゅくご》

いつの時代《じだい》も、人《ひと》と人《ひと》とが
関《かか》わり合《あ》えば「うれしい」
「悲《かな》しい」「楽《たの》しい」などの
気持《きも》ちが生《う》まれるものだ。
ここでは人《ひと》の感情《かんじょう》と人間関係《にんげんかんけい》を
表《あらわ》す四字熟語《よじじゅくご》を学《まな》んでいくぞ!

【28】

意気投合《いきとうごう》

気《き》づけば仲《なか》よしになっていた！

四月《がつ》、新学年《しんがくねん》になると同時《どうじ》に、クラスがえが行《おこな》われました。となりの席《せき》になったのは、これまで一度《いちど》も話《はな》したことのない子《こ》です。

「気《き》まずいな」と思《おも》いながらも、勇気《ゆうき》を出《だ》して、最近《さいきん》はまっているアニメの話《はなし》をしてみると、会話《かいわ》は大盛《おおも》り上《あ》がり！　あっというまに仲《なか》よくなって、その日《ひ》の放課後《ほうかご》に遊《あそ》ぶ約束《やくそく》までしてしまいました。

話《はなし》をしているうちに、**おたがいが同《おな》じようなことを考《かんが》えていたり、同《おな》じものを好《す》きだということがわかって仲《なか》よくなることを**、**意気投《いきとう》**

合《ごう》といいます。「意気《いき》」は「気持《きも》ち」や「考《かんが》え」を、「投合《とうごう》」は「ぴったりと合《あ》っている状態《じょうたい》」を表《あらわ》す言葉《ことば》です。

一度《いちど》は「気《き》が合《あ》わないかも」と思《おも》った子《こ》とも、いろいろな話《はなし》をしてみましょう。「スポーツの好《この》みは合《あ》わないけれど、ゲームの好《この》みは合《あ》う」「好《す》きな芸能人《げいのうじん》はちがうけれど、同《おな》じテレビ番組《ばんぐみ》が好《す》き」など、一《ひと》つは「投合《とうごう》」する「意気《いき》」があるかもしれませんよ。

指《ゆび》でなぞってみよう

意気投合

【29】

以心伝心《いしんでんしん》

言葉《ことば》にしなくてもわかり合《あ》える関係《かんけい》

お父《とう》さんがお母《かあ》さんに「あれをとって」と言《い》いました。「あれって何《なに》？」と思《おも》っていると、お母《かあ》さんは「はい、どうぞ」と、お父《とう》さんに新聞《しんぶん》を手《て》わたしました。お母《かあ》さんは、どうして「あれ」が新聞《しんぶん》だとわかったのでしょう。不思議《ふしぎ》に思《おも》って聞《き》いてみると、お母《かあ》さんは「お父《とう》さんとお母《かあ》さんは以心伝心《いしんでんしん》なのよ」と胸《むね》を張《は》りました。

以心伝心《いしんでんしん》とは、**口《くち》に出《だ》したり、紙《かみ》に書《か》いたりしなくても、思《おも》って**

いることが相手《あいて》に伝《つた》わる様子《ようす》を表《あらわ》します。もともとは仏教《ぶっきょう》の言葉《ことば》で、中国《ちゅうごく》のえらいお坊《ぼう》さんが「禅《ぜん》の教《おし》えは心《こころ》から、心《こころ》に伝《つた》えるもの（心《こころ》を以《も》って心《こころ》に伝《つた》う）」と言《い》ったことが由来《ゆらい》となっているそうです。

とはいえ、人《ひと》の心《こころ》の声《こえ》が聞《き》こえる人《ひと》はいません。以心伝心《いしんでんしん》の関係《かんけい》は、「あの人《ひと》は何《なに》を思《おも》っているのかな」「何《なに》が欲《ほ》しいのかな」と考《かんが》える、思《おも》いやりの心《こころ》から生《う》まれるものなのでしょう。

指《ゆび》でなぞってみよう

以心伝心

にげたいね…
にげようか…
おまえらの考えは
わしにも以心伝心だ

【30】

一期一会《いちごいちえ》

一人《ひと》ひとりとの出会《であ》いを大切《たいせつ》に

この一年間《ねんかん》で、自分《じぶん》が出会《であ》った人《ひと》の数《かず》を数《かぞ》えてみましょう。クラブの試合《しあい》でたまたま話《はなし》をした他校《たこう》の子《こ》や、レストランで注文《ちゅうもん》したものを運《はこ》んできた店員《てんいん》さんなど「もう会《あ》わないかもしれない」という人《ひと》がたくさんいるのではないでしょうか。

こんなふうに、**一生《いっしょう》に一回《かい》しかない出会《であ》いのこと**や、**「一生《いっしょう》に一回《かい》しかない」と思《おも》いながら人《ひと》と接《せっ》すること**を、**一期一会《いちごいちえ》**といいます。

この四字熟語《よじじゅくご》は、有名《ゆうめい》な茶道家《さどうか》である千利休《せんのりきゅう》の弟子《でし》、山上宗二《やまのうえそうじ》が言《い》った「(お茶会《ちゃかい》は) 一期《いちご》に一度《いちど》の会《かい》」という言葉《ことば》から生《う》まれました。「一期《いちご》」は、人《ひと》の一生《いっしょう》という意味《いみ》です。もともとは、その日《ひ》お茶会《ちゃかい》に来《き》たお客様《きゃくさま》とはもう二度《にど》と出会《であ》えないかもしれないから、心《こころ》をこめてその人《ひと》をもてなすべきだという、茶道《さどう》の心《こころ》がけを表《あらわ》していました。

すべての出会《であ》いには意味《いみ》があるといいます。一期一会《いちごいちえ》を大切《たいせつ》に過《す》ごしてください。

指《ゆび》でなぞってみよう

一期一会

【31】

一日千秋《いちじつせんしゅう》（一日千秋《いちにちせんしゅう》）

会《あ》いたくてたまらない！

今度《こんど》の日曜日《にちようび》に、大好《だいす》きないとこのお姉《ねえ》ちゃんが遊《あそ》びに来《く》ることになりました。うれしくなって、毎日《まいにち》「あと何日《なんにち》で日曜日《にちようび》になる？」「まだ来《こ》ないの？」と聞《き》いていたら、お父《とう》さんが笑《わら》って、「まさに、一日千秋《いちじつせんしゅう》の気持《きも》ちだな」と言《い》いました。いったいどういう意味《いみ》なのでしょう。

一日千秋《いちじつせんしゅう》とは、**その人《ひと》と会《あ》える日《ひ》をとても待《ま》ち遠《どお》しく思《おも》っている様子《ようす》**を表《あらわ》す四字熟語《よじじゅくご》です。「千秋《せんしゅう》」は「千回《かい》の秋《あき》＝千年《ねん》」を意味《いみ》します。「一日《にち》会《あ》わないと、千年《ねん》も会《あ》っていないような気《き》になる」、そんな昔《むかし》の人《ひと》の切《せつ》ない心《こころ》から生《う》まれました。たしかに、お姉《ねえ》ちゃんが来《く》るまでの数日間《すうじつかん》は、いつもより長《なが》いように感《かん》じます。

そして日曜日《にちようび》、お姉《ねえ》ちゃんと遊《あそ》んでいる時間《じかん》はとても楽《たの》しかったのですが、次《つぎ》の日《ひ》からはもう「一《いち》日千秋《じっせんしゅう》の気持《きも》ち」になってしまったのでした。

指《ゆび》でなぞってみよう

一日千秋

【32】

一念発起《いちねんほっき》

思《おも》い立《た》ったら一直線《いっちょくせん》

いつも寝坊《ねぼう》ばかりで、遅刻《ちこく》ギリギリの時間《じかん》に登校《とうこう》していた中学生《ちゅうがくせい》のお兄《にい》ちゃんが、とつぜん早起《はやお》きをするようになりました。なんでも、サッカー部《ぶ》の仲間《なかま》といっしょに朝練《あされん》を始《はじ》めたのだそうです。

「レギュラーになるために、一念発起《いちねんほっき》したんだ」

そう言《い》うお兄《にい》ちゃんは、何《なん》だかかっこよく見《み》えます。

一念発起《いちねんほっき》とは、**何《なに》かを始《はじ》めようと決心《けっしん》する心《こころ》の動《うご》き**を表《あらわ》す四字熟語《よじじゅくご》です。「一念《いちねん》」には「心《こころ》が少《すこ》し動《うご》くこと」「強《つよ》く思《おも》いこむこと」という二《ふた》つの意味《いみ》があり、両方《りょうほう》が混《ま》じり合《あ》ってこの言葉《ことば》が生《う》まれました。もともとは仏教《ぶっきょう》の言葉《ことば》で、人《ひと》が仏教《ぶっきょう》の修行《しゅぎょう》に打《う》ちこもうと決心《けっしん》する様子《ようす》を表《あらわ》していたそうです。

一念発起《いちねんほっき》した結果《けっか》、みごとにレギュラーを勝《か》ちとったお兄《にい》ちゃんを見《み》て「自分《じぶん》も何《なに》か始《はじ》めようかな？」と思《おも》ったのでした。

指《ゆび》でなぞってみよう

一念発起

【33】

一喜一憂《いっきいちゆう》

感情《かんじょう》がめまぐるしく変《か》わる

二週連続《しゅうれんぞく》で、漢字《かんじ》テストが行《おこな》われることになりました。一回目《かいめ》のテストは、みごとに百点満点《てんまんてん》！　大喜《おおよろこ》びでお母《かあ》さんに報告《ほうこく》しました。しかし、次《つぎ》の週《しゅう》に行《おこな》われたテストの点数《てんすう》は、平均点以下《へいきんてんいか》の七十点《てん》。先《せん》週《しゅう》の喜《よろこ》びようがうそのように、すっかり落《お》ちこんでしまいました。

何《なに》かが起《お》こるたびに喜《よろこ》んだり、悲《かな》しんだり、ころころと心《こころ》が移《うつ》り変《か》わる様子《ようす》を**一喜一憂《いっきいちゆう》**といいます。「喜《き》」と「憂《ゆう》」は反対語《はんたいご》ですね。しかし、自分《じぶん》の気持《きも》ちを素直《すなお》に表現《ひょうげん》するのはすばらしいことです。

短《みじか》い時間《じかん》に笑《わら》ったり泣《な》いたりをくり返《かえ》していては、「いっしょにいて落《お》ちつかない人《ひと》だなあ」と思《おも》われてしまうかもしれません。勉強《べんきょう》もスポーツも、一《ひと》つひとつの結果《けっか》に一喜一憂《いっきいちゆう》するより、長《なが》い時間《じかん》をかけて成長《せいちょう》していくことが大切《たいせつ》なのです。

指《ゆび》でなぞってみよう

一喜一憂

【34】

意《い》味《み》深《しん》長《ちょう》

深《ふか》い意味《いみ》がかくれている

「意味深《いみしん》」という言葉《ことば》を、一度《いちど》は聞《き》いたことがあるでしょう。「その言葉《ことば》、意味深《いみしん》だなあ」「意味深《いみしん》なことを言《い》わないでよ」というふうに、**何気《なにげ》なく言《い》われた（書《か》かれた）言葉《ことば》の裏《うら》に、深《ふか》い意《い》味《み》がありそうなとき**に使《つか》われる言葉《ことば》です。

この言葉《ことば》が、実《じつ》は**意味深長《いみしんちょう》**という四字熟語《よじじゅくご》を略《りゃく》したもの（意味《いみ》も同《おな》じ）だということを知《し》っていましたか？

最初《さいしょ》にこの言葉《ことば》が使《つか》われたのは、朱子《しゅし》が書《か》いた『論語序説《ろんごじょせつ》』という本《ほん》の中《なか》でした。「これを読《よ》むこといよいよ久《ひさ》しくして、ただ意味深《いみしん》長《ちょう》なるを覚《おぼ》ゆ（ずいぶん長《なが》い間《あいだ》この本《ほん》を読《よ》んできたけれど、読《よ》むほどに深《ふか》い味《あじ》わいがある）」という一文《ぶん》が書《か》かれています。

そんなに昔《むかし》からある言葉《ことば》を、現《げん》代《だい》に生《い》きる人々《ひとびと》が気軽《きがる》に使《つか》っていると思《おも》うと、何《なん》だか不思議《ふしぎ》な気《き》がしますね。

指《ゆび》でなぞってみよう

意味深長

【35】

疑心暗鬼《ぎしんあんき》

人《ひと》も物《もの》も、すべてが疑《うたが》わしい

友《とも》だちみんなで、トランプのババぬきをすることになりました。「ババぬきで勝《か》つなんて楽勝《らくしょう》！」と思《おも》っていたのですが、いざゲームを始《はじ》めてみると、意外《いがい》にもみんな、自分《じぶん》の持《も》ち札《ふだ》を上手《じょうず》にかくします。目《め》の前《まえ》に出《だ》されるカードすべてがジョーカーなのではないかと、びくびくしてしまったのでした。

このように、**一度《いちど》何《なに》かを疑《うたが》い始《はじ》めると、何《なん》でもない人《ひと》や物《もの》まであやしく感《かん》じてしまうこと**を**疑心暗鬼《ぎしんあんき》**といいます。暗鬼《あんき》とは文字《もじ》通《どお》り

「暗《くら》い」場所《ばしょ》にいる「鬼《おに》」のこと。何《なに》もない暗《くら》がりでも、一度《いちど》「鬼《おに》がいるのでは……」と思《おも》ったが最後《さいご》、鬼《おに》がいるように思《おも》いこんでしまう心《こころ》の様子《ようす》を表《あらわ》した四字熟語《よじじゅくご》です。

ババぬきの結果《けっか》は、なんと最下位《さいかい》でした。人《ひと》を疑《うたが》いすぎたために、冷静《れいせい》な判断力《はんだんりょく》を失《うしな》ってしまったのですね。

指《ゆび》でなぞってみよう

疑心暗鬼

ぼくのコク☆マジカードを持ち出したのはよんジイ様ですか…？
わしじゃない！疑心暗鬼になるな！
あれ？しばけんそれどうしたの？

【36】

喜《き》怒《ど》哀《あい》楽《らく》

人間《にんげん》に備《そな》わる心《こころ》の動《うご》き

喜怒哀楽《きどあいらく》とは、人間《にんげん》のいろいろな感情《かんじょう》を「喜《よろこ》び」「怒《いか》り」「哀《かな》しみ」「楽《たの》しみ」の四つに分類《ぶんるい》し、表現《ひょうげん》した四字熟語《よじじゅくご》です。

人《ひと》はみんな、喜怒哀楽《きどあいらく》すべての感情《かんじょう》を持《も》っています。ただ、人《ひと》によって、どの感情《かんじょう》をより多《おお》く表《おもて》に出《だ》すかが異《こと》なっているのです。毎《まい》日笑顔《にちえがお》で過《す》ごしている人《ひと》も、家《いえ》に帰《かえ》れば一人《ひとり》でおこったり、泣《な》いたりしているかもしれません。逆《ぎゃく》に、いつもおこっているように見《み》える人《ひと》も、自分《じぶん》の気持《きも》ちを顔《かお》に出《だ》すのが苦手《にがて》なだけで、心《こころ》の中《なか》では満《まん》

面《めん》の笑《え》みを浮《う》かべているかもしれないのです。

喜怒哀楽《きどあいらく》をバランスよく表《おもて》に出《だ》すことができれば、人間関係《にんげんかんけい》がスムーズになる、と、中国《ちゅうごく》の書物《しょもつ》である『中庸《ちゅうよう》』に書《か》かれています。

表情《ひょうじょう》がくるくると変《か》わる人《ひと》は魅力的《みりょくてき》ですが、いかりやかなしみなどを表《おもて》に出《だ》しすぎると、他人《たにん》をいやな気持《きも》ちにさせてしまうこともあるので気《き》をつけましょう。

指《ゆび》でなぞってみよう

喜怒哀楽

【37】

共存共栄《きょうぞんきょうえい》

助《たす》け合《あ》って生《い》きる関係《かんけい》

今《いま》、この本《ほん》を読《よ》んでいるみなさんの中《なか》にも「家《いえ》で犬《いぬ》を飼《か》っている」という人《ひと》は少《すく》なくないでしょう。

犬《いぬ》は数《かず》いる生《い》き物《もの》の中《なか》で、もっとも古《ふる》くから人間《にんげん》のパートナーとしてくらしてきた動物《どうぶつ》です。かつては狩《か》りの仲間《なかま》として、今《いま》では大《たい》切《せつ》な家族《かぞく》として、助《たす》け合《あ》って生《い》きています。

そんな人間《にんげん》と犬《いぬ》のように、**おたがいに相手《あいて》をたよりながら生《い》き、発《はっ》展《てん》・繁栄《はんえい》していく様子《ようす》**を、**共存共栄《きょうぞんきょうえい》**といいます。

少《すこ》しまわりを見《み》わたせば、いろいろなところに共存共栄《きょうぞんきょうえい》の関係《かんけい》を見《み》つけることができるはずです。花《はな》のみつを吸《す》う虫《むし》と、虫《むし》に花粉《かふん》を運《はこ》んでもらう花《はな》、地域《ちいき》にお客《きゃく》さんを呼《よ》びこむ観光《かんこう》スポットと、その観光《かんこう》スポットで働《はたら》く地域《ちいき》の人々《ひとびと》など……。生活《せいかつ》の中《なか》にある共存共栄《きょうぞんきょうえい》を探《さが》してみてください。

指《ゆび》でなぞってみよう

共存共栄

私たちとよんジイも共存共栄ね
何か言ったか?
何も~

【38】

後生大事《ごしょうだいじ》

来世《らいせ》と同《おな》じくらい大切《たいせつ》なもの

幼稚園《ようちえん》に入《はい》る前《まえ》からずっと大切《たいせつ》にしていた絵本《えほん》を、お母《かあ》さんに捨《す》てられそうになりました。あわててとり返《かえ》して文句《もんく》を言《い》うと、「小《ちい》さい子《こ》向《む》けの本《ほん》を後生大事《ごしょうだいじ》にとっておくなんて」とあきれたように言《い》われました。

後生《ごしょう》とは、生《う》まれ変《か》わった次《つぎ》の世《よ》、つまり来世《らいせ》を表《あらわ》す仏教《ぶっきょう》の言葉《ことば》です。仏教《ぶっきょう》では、来世《らいせ》で平和《へいわ》に生《い》きるために、今生《こんじょう》（現在《げんざい》）で修行《しゅぎょう》することが大切《たいせつ》だと考《かんが》えられています。**後生大事《ごしょうだいじ》**はもともと、「後生《ごしょう》

が一番大事《いちばんだいじ》」という意味《いみ》の言葉《ことば》でしたが、現在《げんざい》では**とても大切《たいせつ》にする**という意味《いみ》の四字熟語《よじじゅくご》になりました。

その日《ひ》の夜《よる》、お母《かあ》さんのタンスを見《み》ると、何年《なんねん》も着《き》ていない服《ふく》がたくさん入《はい》っていました。思《おも》わず

「お母《かあ》さんこそ後生大事《ごしょうだいじ》にして！」

と反撃《はんげき》すると、お母《かあ》さんは真《ま》っ赤《か》になってしまったのでした。

指《ゆび》で なぞってみよう

後生大事

【39】

七転八起《しちてんはっき》

挑戦《ちょうせん》をあきらめない！

今日《きょう》もまた、ゆううつな時間《じかん》がやってきました。体育《たいいく》の時間《じかん》です。たくさん練習《れんしゅう》をしているはずなのに、なぜか逆上《さかあ》がりができるようにならないのです。こっそりとすみに座《すわ》っていると、先生《せんせい》がやってきてこう言《い》いました。

「七転八起《しちてんはっき》。成功《せいこう》するまで、あきらめずに練習《れんしゅう》しよう！」

七転八起《しちてんはっき》とは、ことわざの「七転《ななころ》び八起《やお》き」と同《おな》じ意味《いみ》を持《も》つ四《よ》字熟語《じじゅくご》です。**何度失敗《なんどしっぱい》しようとも、あきらめずにチャレンジし続《つづ》け**

る様子《ようす》を表《あらわ》しています。たとえ七回転《かいころ》んだとしても、もう一度《いちど》だけ起《お》き上《あ》がり、八回目《かいめ》の挑戦《ちょうせん》をすれば、それが「成功《せいこう》への一回目《かいめ》」になるかもしれません。

その後《ご》、一週間《しゅうかん》特訓《とっくん》をしたところ、みごとに逆上《さかあ》がりができるようになり、「あきらめなくてよかった」としみじみ感《かん》じたのでした。

指《ゆび》でなぞってみよう

七転八起

よしっ！成功！
すごいフミ！七転八起の精神だね！
わしへのうらみじゃなかろうな

【40】

自暴自棄《じぼうじき》

自分《じぶん》で自分《じぶん》を粗末《そまつ》にあつかう

今日《きょう》はバレンタインデー。家《いえ》に帰《かえ》ると、高校生《こうこうせい》のお姉《ねえ》ちゃんがチョコレートをやけ食《ぐ》いしていました。どうやら、用意《ようい》したチョコを、好《す》きな人《ひと》にわたすことができなかったらしいのです。「だって勇気《ゆうき》が出《で》なかったんだもん」と涙目《なみだめ》になっています。

自暴自棄《じぼうじき》とは、**何《なに》かがっかりするようなことが起《お》こったときに、自分《じぶん》で自分《じぶん》を粗末《そまつ》にあつかう様子《ようす》**をいいます。古代中国《こだいちゅうごく》の学者《がくしゃ》・孟子《もうし》の「自《みずか》らを暴《そこな》う（ダメにする）者《もの》、自《みずか》らを棄《す》つる（あきらめる）者《もの》

とはいっしょに話《はな》したり、行動《こうどう》したりできない」という言葉《ことば》から生《う》まれました。いつもは「太《ふと》るから」と言《い》って食《た》べないチョコをやけ食《ぐ》いしているお姉《ねえ》ちゃんは、十分《じゅうぶん》、自暴自棄《じぼうじき》になっているといえるでしょう。どうなぐさめていいかわからなかったので、とりあえず、いっしょにチョコを食《た》べてあげることにしたのでした。

指《ゆび》でなぞってみよう

自暴自棄

【41】

弱肉強食《じゃくにくきょうしょく》

弱《よわ》いものは強《つよ》いものの犠牲《ぎせい》に？

テレビで、ライオンがシマウマをつかまえるシーンを見《み》たことはありませんか？　草食動物《そうしょくどうぶつ》に、肉食動物《にくしょくどうぶつ》と戦《たたか》う力《ちから》はありません。にげられなければ、食《た》べられてしまいます。自然界《しぜんかい》は、弱《よわ》いものが強《つよ》いものの犠牲《ぎせい》になることで成《な》り立《た》っているのです。

弱《よわ》いものが強《つよ》いものの犠牲《ぎせい》になることを、四字熟語《よじじゅくご》で、**弱肉強食《じゃくにくきょうしょく》**といいます。昔《むかし》の中国《ちゅうごく》の文人《ぶんじん》（上手《じょうず》な文章《ぶんしょう》を書《か》くことで有名《ゆうめい》な人《ひと》）・韓愈《かんゆ》が言《い》った言葉《ことば》「弱《じゃく》の肉《にく》は強《きょう》の食《しょく》なり（弱《よわ》いものの肉《にく》は強《つよ》いもののの食事《しょくじ》となる)」から生《う》まれました。弱肉強食《じゃくにくきょうしょく》は、人間《にんげん》の世界《せかい》でもたびたび起《お》こります。けれど人間《にんげん》は、ライオンとはちがい、力《ちから》のない人《ひと》を犠牲《ぎせい》にしなくても生《い》きられる生《い》き物《もの》です。自分《じぶん》より立場《たちば》の弱《よわ》い人《ひと》に手《て》をさしのべたり、守《まも》ったりできる人《ひと》になりたいものですね。

指《ゆび》でなぞってみよう

弱肉強食

よんジイ様は どうやって コクーゴ・マスターに なったんですか?
なるべくして なった…と 言っておこう
弱肉強食の 世界なのか…
フンッ

【42】

十人十色《じゅうにんといろ》

人《ひと》の数《かず》だけ色《いろ》がある！

みなさんのクラスには、何人《なんにん》の子《こ》がいますか？　その中《なか》には、はきはきとあいさつをする子《こ》や、給食《きゅうしょく》を残《のこ》さず食《た》べる子《こ》、毎日下級生《まいにちかきゅうせい》のお世話《せわ》をする子《こ》など、いろいろな「いいところ」を持《も》っている子《こ》がいるのではないでしょうか。

いいところだけではありません。**性格《せいかく》や好《す》きなもの、きらいなものの、どんな場所《ばしょ》で生《う》まれて、どんなふうに育《そだ》ったかなどは、人《ひと》それぞれちがいます。**これを四字熟語《よじじゅくご》で**十人十色《じゅうにんといろ》**といいます。

十人十色

指《ゆび》でなぞってみよう

十人《にん》の人《ひと》が集《あつ》まれば、十人《にん》それぞれの色《いろ》＝特《とく》ちょうや個《こ》性《せい》が表《あらわ》れてくる、ということから生《う》まれた言葉《ことば》です。

教室《きょうしつ》の中《なか》には、三十人《にん》のクラスならば三十の、四十人《にん》のクラスならば四十の色《いろ》が飛《と》びかっています。無理《むり》に色《いろ》を混《ま》ぜ、くすませてしまうのではなく、おたがいのきれいな色《いろ》を大切《たいせつ》にしながら、日々《ひび》を過《す》ごしていきたいですね。

【43】

私利私欲《しりしよく》

自分《じぶん》のことだけ考《かんが》える心《こころ》

お父《とう》さんが丸《まる》いケーキを買《か》ってきてくれたので、家族《かぞく》みんなで食《た》べることにしました。すると弟《おとうと》が「ぼくが切《き》る！」と言《い》い、一切《ひとき》れだけ大《おお》きくなるようにケーキを切《き》り分《わ》け、「これはぼくの」ととり上《あ》げてしまったのです。これにはみんなびっくりしました。

人《ひと》のことを考《かんが》えずに、自分《じぶん》が得《とく》することや、したいことばかりすることを、「私《わたし》＝自分《じぶん》」の「利《り》（益《えき》）」と「欲《よっ》（求《きゅう》）」と書《か》いて、**私利《しり》私欲《しよく》**といいます。他《ほか》の人《ひと》のことを一番《いちばん》に考《かんが》える「思《おも》いやりの心《こころ》」とは正反対《せいはんたい》の言葉《ことば》ですね。

自分《じぶん》が食《た》べたい分《ぶん》だけケーキを切《き》り分《わ》けた弟《おとうと》は、まさに私利私欲《しりしよく》に走《はし》ってしまったといえます。

「わがままばかり言《い》うんじゃありません！」

と、両親《りょうしん》から大目玉《おおめだま》をくらったのでした。

指《ゆび》でなぞってみよう

私利私欲

修行中にそんなぜいたくなものを食べたらいけない！
わしが没収する！
ぐぬぬぬ
とか言って全部一人じめするんでしょ！
私利私欲のかたまりですね！

【44】

心機一転《しんきいってん》

周囲《しゅうい》の変化《へんか》が心《こころ》の変化《へんか》を生《う》む

これまで髪《かみ》も短《みじか》く、活発《かっぱつ》な雰囲気《ふんいき》だった幼《おさな》なじみのお姉《ねえ》ちゃんが、大学《だいがく》に入学《にゅうがく》したとたん、大変身《だいへんしん》しました。長《なが》い髪《かみ》にパーマをかけ、お化粧《けしょう》をした姿《すがた》は、雑誌《ざっし》に出《で》てくるモデルのようです。

「大学生《だいがくせい》になったからね。心機一転《しんきいってん》、イメチェンをしてみたの」

お姉《ねえ》ちゃんはそう言《い》って笑《わら》いました。

何《なに》かの出来事《できごと》がきっかけとなって、心《こころ》や考《かんが》え方《かた》にがらりといい変《へん》化《か》が起《お》こることを、**心機一転《しんきいってん》**といいます。「心機《しんき》」とは「心《こころ》の動《うご》き」

を意味《いみ》する言葉《ことば》です。たいていは、その人《ひと》にとって、その後《ご》のくらしや人生《じんせい》に影《えい》響《きょう》をあたえる可能性《かのうせい》のある「変化《へんか》」に使《つか》われます。

心機一転《しんきいってん》したお姉《ねえ》ちゃんもいいけれど、以前《いぜん》のお姉《ねえ》ちゃんもかっこよかったのにな……と、こっそり思《おも》ったのでした。

指《ゆび》でなぞってみよう

心機一転

【45】

他力本願《たりきほんがん》

人任《ひとまか》せにしてはダメ！

今日《きょう》は夏休《なつやす》み最後《さいご》の日《ひ》。明日《あした》には学校《がっこう》が始《はじ》まるというのに、宿題《しゅくだい》の自由工作《じゆうこうさく》が終《お》わりません。泣《な》きそうになりながら手先《てさき》の器用《きよう》なお父《とう》さんに助《たす》けを求《もと》めると、お母《かあ》さんがこわい顔《かお》で言《い》いました。

「他力本願《たりきほんがん》はダメよ！　宿題《しゅくだい》は自分《じぶん》でやりなさい！」

本願《ほんがん》とは、仏様《ほとけさま》が立《た》てた「この世《よ》の生《い》き物《もの》すべてを救《すく》おう」という誓《ちか》いのことをいいます。仏教《ぶっきょう》では、極楽《ごくらく》へ行《い》くためには修行《しゅぎょう》をしなくてはいけないとされていますが、修行《しゅぎょう》を面倒《めんどう》くさがり「仏様《ほとけさま》が本願《ほんがん》でなんとかしてくれないかな」と考《かんが》える人《ひと》もいました。

これを**他力本願**《たりきほんがん》と呼《よ》び、時間《じかん》がたつにつれて、**人**《ひと》**の力**《ちから》**をあてにする、人任**《ひとまか》**せにする**という意味《いみ》の四字熟語《よじじゅくご》になったのです。

お父《とう》さんをあてにできなくなったことで、結局《けっきょく》、宿題《しゅくだい》を終《お》わらせることができず、学《がっ》校《こう》の先生《せんせい》にもしかられてしまいました。

【46】

適材適所《てきざいてきしょ》

力《ちから》をいかせる場所《ばしょ》に行《い》く

クラスで委員会《いいんかい》を決《き》めることになりました。「時間《じかん》がかかりそう」と思《おも》っていましたが、いざ話《はな》し合《あ》いを始《はじ》めてみると、本好《ほんず》きの子《こ》は図書委員《としょいいん》に、面倒見《めんどうみ》のいい子《こ》は保健委員《ほけんいいん》に、動物《どうぶつ》の好《す》きな子《こ》は飼育《しいく》委員《いいん》に……というように、あっというまに決《き》まってしまいました。

「みんな、適材適所《てきざいてきしょ》でよかったわね」

先生《せんせい》はにこにこ笑《わら》いながら言《い》いました。

得意《とくい》なこと、好《す》きなことがある人《ひと》に、それをいかせる立場《たちば》や役割《やくわり》

をあたえることを「適《てき》」した人《じん》「材《ざい》」を「適《てき》」した場《ば》「所《しょ》」につけることから、**適材適所**《てきざいてきしょ》といいます。クラスのみんなが、自分《じぶん》の力《ちから》を発揮《はっき》できる委員《いいん》に決《き》まったため、先生《せんせい》はそう言《い》ったのでしょう。自分《じぶん》も、きれい好《ず》きな性格《せいかく》をいかせる美化委員《びかいいん》になることができて、大満足《だいまんぞく》したのでした。

指《ゆび》でなぞってみよう

適材適所

【47】

手練手管《てれんてくだ》

あらゆる手段《しゅだん》で人《ひと》を操《あやつ》る

日本《にほん》で初《はじ》めて天下統一《てんかとういつ》をなしとげた豊臣秀吉《とよとみひでよし》は、まさに手練手管《てれんてくだ》を上手《じょうず》に使《つか》いこなす人《ひと》でした。

手練手管《てれんてくだ》とは、**あらゆる方法《ほうほう》で、人《ひと》を思《おも》い通《どお》りに動《うご》かしたり、だましたりすること**をいいます。「手練《てれん》」も「手管《てくだ》」も、人《ひと》を操《あやつ》りだますという意味《いみ》です。秀吉《ひでよし》の性格《せいかく》を表《あらわ》した、

「鳴《な》かぬなら、鳴《な》かせてみせようホトトギス」

という句《く》にもある通《とお》り、秀吉《ひでよし》は、主人《しゅじん》である織田信長《おだのぶなが》が望《のぞ》むことを

先回《さきまわ》りして行《おこな》ったり、身分《みぶん》に関係《かんけい》なく優秀《ゆうしゅう》な人間《にんげん》を集《あつ》めて家来《けらい》にしたり、自分《じぶん》の家族《かぞく》を人質《ひとじち》に差《さ》し出《だ》したり、さまざまな手段《しゅだん》を使《つか》って人《ひと》の心《こころ》をつかみ、天下《てんか》を手《て》に入《い》れました。
どちらかというと、よくない意味《いみ》で使《つか》われることのほうが多《おお》い四字熟語《よじじゅくご》ですが、手練手管《てれんてくだ》を使《つか》える人《ひと》は、優秀《ゆうしゅう》な人《ひと》が多《おお》そうですね。

指《ゆび》でなぞってみよう

手練手管

【48】

独立独歩《どくりつどっぽ》

自分《じぶん》の決《き》めた道《みち》を行《い》く！

テレビのバラエティ番組《ばんぐみ》を見《み》ていたら、ある会社《かいしゃ》の社長《しゃちょう》がゲスト出演《しゅつえん》していました。それまで働《はたら》いていた大《おお》きな会社《かいしゃ》を飛《と》び出《だ》して、自《じ》分《ぶん》の会社《かいしゃ》を立《た》ち上《あ》げたことで有名《ゆうめい》な人《ひと》です。

「不安《ふあん》もありましたが、独立独歩《どくりつどっぽ》の精神《せいしん》でがんばりました」

社長《しゃちょう》はそんなふうに話《はな》しました。

独立独歩《どくりつどっぽ》とは、**だれかのまねをしたり、人《ひと》にたよったりすることなく、自分《じぶん》で決《き》めたことをする様子《ようす》**を表《あらわ》した四字熟語《よじじゅくご》です。「みんないっしょ」もすてきなことですが、「みんなはAだけれど、自分《じぶん》はBだ」と宣言《せんげん》し、自分《じぶん》の気持《きも》ちをつらぬき通《とお》すのはかっこいいですね。

ただし、本当《ほんとう》はみんなでしなければならないことを、一《ひと》人《り》で勝手《かって》にするのは「独立独《どくりつどっ》歩《ぽ》」ではありませんから、注《ちゅう》意《い》しましょう。

指《ゆび》でなぞってみよう

独立独歩

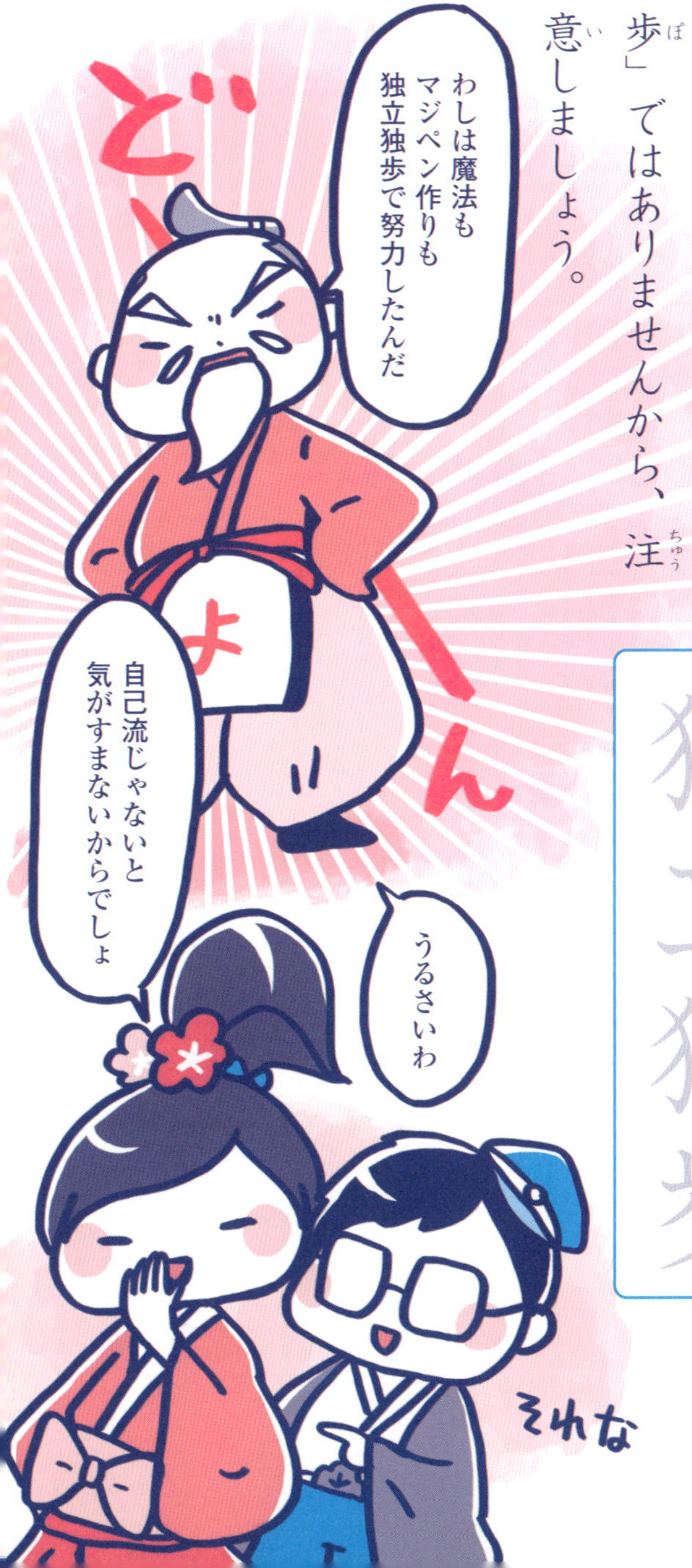
わしは魔法も
マジペン作りも
独立独歩で努力したんだ
どーん
よ
自己流じゃないと
気がすまないからでしょ
うるさいわ
それな

【49】

二人三脚《ににんさんきゃく》

二人《ふたり》の力《ちから》で成功《せいこう》する

同《おな》じ学校《がっこう》に、仲《なか》のいいふたごの兄弟《きょうだい》がいます。勉強《べんきょう》もスポーツも、おたがいに助《たす》け合《あ》うことで、以前《いぜん》よりもずっとよくできるようになったのだそうです。先生《せんせい》がそんな二人《ふたり》を見《み》ながら、

「いつも二人三脚《ににんさんきゃく》で努力《どりょく》している、すてきな兄弟《きょうだい》ね」

と言《い》いました。二人三脚《ににんさんきゃく》は、二人《ふたり》の足《あし》を片方《かたほう》ずつ結《むす》んで走《はし》る競技《きょうぎ》です。先生《せんせい》の言葉《ことば》の意味《いみ》がわからず、みんな首《くび》をかしげました。

ここでいう**二人三脚《ににんさんきゃく》**とは、**二人《ふたり》で力《ちから》を合《あ》わせて何《なに》かを行《おこな》ったり、物《もの》**

ガシッ
ガシッ
この二人は
二人三脚どころか
足ひっぱり合ってるな…

事《ごと》を成功《せいこう》させるという意味《いみ》の四字熟語《よじじゅくご》です。けれど、運動会《うんどうかい》の競技《きょうぎ》というのもまちがいではありません。この四字熟語《よじじゅくご》は、二人《ふたり》が力《ちから》を合《あ》わせて二人三脚《ににんさんきゃく》を行《おこな》う姿《すがた》から生《う》まれたそうです。

ちなみに二人《ふたり》は、運動会《うんどうかい》の二人《ににん》三脚《さんきゃく》でも息《いき》ぴったり。いつも一位《い》でゴールするのでした。

指《ゆび》でなぞってみよう

二人三脚

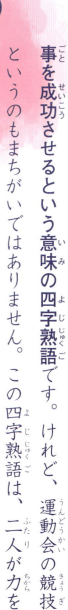

【50】

半信半疑《はんしんはんぎ》

信《しん》じたいけれど……

苦手《にがて》な算数《さんすう》のテストで、初《はじ》めて百点《てん》をとりました。家《いえ》に帰《かえ》り、大《おお》喜《よろこ》びで家族《かぞく》に報告《ほうこく》したのですが、みんな疑《うたが》うような表情《ひょうじょう》をしています。花丸《はなまる》の書《か》かれたテストを見《み》せて、ようやく信《しん》じてもらいました。

「百点《てん》なんて初《はじ》めてだったから、半信半疑《はんしんはんぎ》になっちゃって……」

お母《かあ》さんが申《もう》し訳《わけ》なさそうに言《い》いました。

半信半疑《はんしんはんぎ》とは、**「信《しん》じたい！」という気持《きも》ちはあるけれど、完全《かんぜん》に信《しん》じ切《き》ることはできない、**そんな複雑《ふくざつ》な心《こころ》を表《あらわ》す四字熟語《よじじゅくご》です。「半《はん》」

分《ぶん》「信《しん》」じて、「半《はん》」分《ぶん》「疑《うたが》」う、まさに文字《もじ》通《どお》りの意味《いみ》だと覚《おぼ》えておくといいでしょう。

たとえ半分《はんぶん》でも、うそをついていると疑《うたが》われてはいい気分《きぶん》がしません。その後《ご》、一日中《にちじゅう》ムッとし続《つづ》け、家族《かぞく》にひたすら謝《あやま》られました。

指《ゆび》でなぞってみよう

半信半疑

え？
コンサート中に
コク☆マジと目が合った？
うっそだ～
マニが
はぁ？
うそじゃないよ！
半信半疑の顔をするな！
もうっ!!
コク☆マジ
コク☆マジ

【51】

無《む》我《が》夢《む》中《ちゅう》

まわりが見《み》えないほど熱中《ねっちゅう》する

今日《きょう》は大好《だいす》きな小説《しょうせつ》の、最終巻《さいしゅうかん》の発売日《はつばいび》です。学校《がっこう》が終《お》わるとすぐに本屋《ほんや》に走《はし》り、目的《もくてき》の本《ほん》を買《か》いました。物語《ものがたり》の世界《せかい》に入《はい》りこみ、おやつも食《た》べずにページをめくる姿《すがた》を見《み》て、お兄《にい》ちゃんがあきれたように、「無我夢中《むがむちゅう》ってこのことだな」とつぶやきました。

無我夢中《むがむちゅう》とは、「無我《むが》＝我《われ》（自分《じぶん》）がなくなる」くらい、**何《なに》かに熱《ねっ》中《ちゅう》する様子《ようす》**を表《あらわ》します。「夢中《むちゅう》」という言葉《ことば》だけでも「自分《じぶん》のことを忘《わす》れ、夢《ゆめ》の中《なか》にいるかのように、物事《ものごと》に入《はい》りこむ」という意味《いみ》があ

りますから、二《ふた》つの言葉《ことば》がいっしょになることで、より熱中度《ねっちゅうど》が高《たか》まっていることがわかります。

次《つぎ》の日《ひ》、発売《はつばい》したばかりのゲームに無我夢中《むがむちゅう》のお兄《にい》ちゃんを見《み》て、前《ぜん》日《じつ》の自分《じぶん》そっくりの姿《すがた》に、兄弟《きょうだい》だなあと思《おも》ったのでした。

指《ゆび》でなぞってみよう

無我夢中

【52】

明鏡止水《めいきょうしすい》

落《お》ちついた心《こころ》を表《あらわ》す

スポーツ選手《せんしゅ》がのっている雑誌《ざっし》を読《よ》んでいたら、ある選手《せんしゅ》の好《す》きな言葉《ことば》に「明鏡止水《めいきょうしすい》」とありました。鏡《かがみ》と水《みず》は、何《なん》の関係《かんけい》もないように思《おも》えますが、どんな意味《いみ》なのでしょう？

明鏡止水《めいきょうしすい》は、『准南子《えなんじ》』という昔《むかし》の中国《ちゅうごく》の本《ほん》に登場《とうじょう》する言葉《ことば》から生《う》まれた四字熟語《よじじゅくご》だといわれています（学者《がくしゃ》・孔子《こうし》の言葉《ことば》という説《せつ》も）。

鏡《かがみ》と水《みず》は、どちらも物《もの》の姿《すがた》を映《うつ》します。特《とく》に、明《あか》るくくもりのない鏡《かがみ》と、ゆらぎのない静《しず》かな水《みず》ならば、くすんだり、ゆがんだりすることのない、そのままの姿《すがた》を見《み》ることができますね。

明鏡止水《めいきょうしすい》とは、そんな「明《あか》るい鏡《かがみ》」と「静《しず》かな水《みず》」のように、**物《もの》事《ごと》をありのままにとらえる落《お》ちついた心《こころ》のこと**を表《あらわ》しているのです。

きっとそのスポーツ選手《せんしゅ》は、落《お》ちついた気持《きも》ちで自分《じぶん》を見《み》つめ、起《お》こることすべてを受《う》け止《と》める覚悟《かくご》をしているにちがいありません。

よんジイももっと明鏡止水の心で私たちを見てよ！
すばらしい弟子に見えるはずですよ！

指《ゆび》でなぞってみよう

明鏡止水

【53】

油断大敵《ゆだんたいてき》

少《すこ》しの油断《ゆだん》が大《おお》きな失敗《しっぱい》に！

油断大敵《ゆだんたいてき》とは、少《すこ》しの気《き》のゆるみや他人《たにん》を見下《みくだ》す気持《きも》ちが、やがて大《おお》きな失敗《しっぱい》につながることと、だからこそ、どんな小《ちい》さな油断《ゆだん》もしてはいけないことを、私《わたし》たちに教《おし》えてくれる四字熟語《よじじゅくご》です。

たとえば、今《いま》から八百年以上《ねんいじょう》も前《まえ》の日本で、武士《ぶし》として初《はじ》めて政治《せいじ》の世界《せかい》で大《おお》きな権力《けんりょく》を持《も》った、平氏一族《へいしいちぞく》。強《つよ》くて才能《さいのう》ある一族《いちぞく》だったにもかかわらず、平清盛《たいらのきよもり》の死後《しご》、すぐにほろんでしまいます。

清盛《きよもり》がまだ若者《わかもの》だったころ、源氏《げんじ》と戦《たたか》い勝利《しょうり》した彼《かれ》は、まだ小《ちい》さかった源氏《げんじ》の生《い》き残《のこ》り、源頼朝《みなもとのよりとも》を処刑《しょけい》せず、生《い》かしてしまいました。やがて成長《せいちょう》した頼朝《よりとも》によって、平氏《へいし》はほろぼされたのです。まさに、油断大敵《ゆだんたいてき》を絵《え》にかいたようなエピソードだといえるでしょう。どんな小《ちい》さな油断《ゆだん》が、大《おお》きな失敗《しっぱい》となっておそいかかってくるかわかりません。

指《ゆび》でなぞってみよう

油断大敵

おや
何かがワナに
かかったようだな
こんなところに
ワナがあったなんて…
油断大敵だね

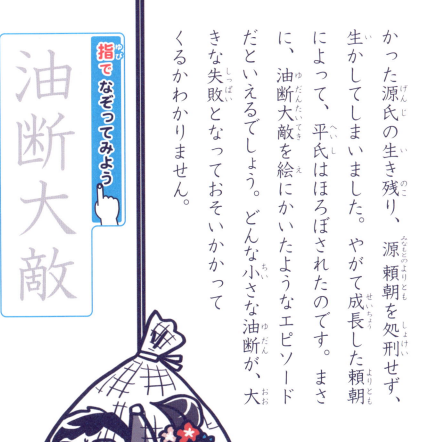

クイズ 試練《しれん》をあたえる！②

初級《しょきゅう》 入《い》れかえ四字熟語《よじじゅくご》をもとにもどせ！

四字熟語《よじじゅくご》の４つの漢字《かんじ》が入《い》れかわってしまったようだ。
次《つぎ》の７つの四字熟語《よじじゅくご》を、正《ただ》しい順番《じゅんばん》にもどすことができるかな？

第《だい》１問《もん》

共	栄	共	存

第《だい》２問《もん》

夢	我	無	中

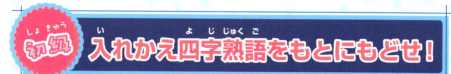

第《だい》3問《もん》

一	一	会	期

第《だい》4問《もん》

弱	食	強	肉

第《だい》5問《もん》

一	起	発	念

第《だい》6問《もん》

後	事	大	生

第《だい》7問《もん》

哀	怒	楽	喜

答《こた》えは 130 ページに！

上級《じょうきゅう》　正《ただ》しく組《く》み合《あ》わせろ！　四字熟語《よじじゅくご》ミックス

　なんてことだ！　漢字《かんじ》がちらばって、2つの四字熟語《よじじゅくご》が混《ま》じってしまった。
　正《ただ》しい2つの四字熟語《よじじゅくご》にもどしてみてくれ。ただし、ダミーが1文字《もじ》混《ま》じっているぞ。

第《だい》1問《もん》

百　一　千　人　脚

二　日　三　秋

第《だい》2問《もん》

温　朝　古　暮　知

改　新　令　故

第《だい》3問《もん》

我 誠 心 誠 足 水 引 田 意

第《だい》4問《もん》

自 画 問 異 同 口 賛 自 音

第《だい》5問《もん》

触 七 念 一 転 八 即 発 倒

答《こた》えは130ページに！

試練《しれん》の答《こた》え

初級《しょきゅう》

第《だい》1問《もん》　共存共栄《きょうぞんきょうえい》

第《だい》2問《もん》　無我夢中《むがむちゅう》

第《だい》3問《もん》　一期一会《いちごいちえ》

第《だい》4問《もん》　弱肉強食《じゃくにくきょうしょく》

第《だい》5問《もん》　一念発起《いちねんほっき》

第《だい》6問《もん》　後生大事《ごしょうだいじ》

第《だい》7問《もん》　喜怒哀楽《きどあいらく》

上級《じょうきゅう》

第《だい》1問《もん》　一日千秋《いちじつせんしゅう》　二人三脚《ににんさんきゃく》　（ダミー文字《もじ》：百）

第《だい》2問《もん》　温故知新《おんこちしん》　朝令暮改《ちょうれいぼかい》　（ダミー文字《もじ》：古）

第《だい》3問《もん》　我田引水《がでんいんすい》　誠心誠意《せいしんせいい》　（ダミー文字《もじ》：足）

第《だい》4問《もん》　異口同音《いくどうおん》　自画自賛《じがじさん》　（ダミー文字《もじ》：問）

第《だい》5問《もん》　一触即発《いっしょくそくはつ》　七転八倒《しちてんばっとう》　（ダミー文字《もじ》：念）

コクーゴ魔《ま》法使《ほうつか》いの必《ひっ》須《す》アイテム

これがマジカル・ペンシルスティックだ!!

ふつうのペンより巨大《きょだい》で、
スペシャル感《かん》たっぷり！

厳《きび》しい修行《しゅぎょう》に
たえた人《ひと》にしか
持《も》てないよ！

このペンで
書《か》いた言葉《ことば》は、
不思議《ふしぎ》としっかり
覚《おぼ》えられるよ！

だれかのものに
なった瞬間《しゅんかん》、
持《も》ち主《ぬし》の手《て》にフィット！

書《か》いても書《か》いてもなくならない!!
不思議《ふしぎ》な芯《しん》

欲《ほ》しい――!!
コクーゴ・マスター兼《けん》
マジペン職人《しょくにん》にしか
作《つく》れんぞ！
ゆ

コラム 「指《ゆび》習《なら》い」って知《し》ってる？

ねぇよんジイ、さっきから四字熟語《よじじゅくご》を指《ゆび》でなぞっているのはどうして？

それは「指習《ゆびなら》い」をするためだ

指習《ゆびなら》い？

昔《むかし》から、習字《しゅうじ》を上達《じょうたつ》させるためには「目《め》習《なら》い、手《て》習《なら》い、指習《ゆびなら》い」が大切《たいせつ》だといわれている。目《め》習《なら》いは「見《み》て学《まな》ぶこと」、手《て》習《なら》いは「書《か》いて学《まな》ぶこと」、そして指習《ゆびなら》いは「指《ゆび》でなぞって学《まな》ぶこと」という意味《いみ》だ。見《み》ること、書《か》くことが大事《だいじ》なのはもちろんだが、お手本《てほん》を指《ゆび》でなぞることで、漢字《かんじ》の正《ただ》しい形《かたち》やきれいな字《じ》を覚《おぼ》えることができる。

まちがった字《じ》を覚《おぼ》えたら四字熟語《よじじゅくご》を学《まな》ぶ意味《いみ》がないですもんね

その通《とお》り。四字熟語《よじじゅくご》は漢字《かんじ》で作《つく》られた言葉《ことば》だからな。まずは指《ゆび》でなぞって形《かたち》を覚《おぼ》え、それからノートに書《か》くなどすると、効率《こうりつ》よく学《まな》べるぞ！

物《もの》の様子《ようす》にまつわる四字熟語《よじじゅくご》

長《なが》い道《みち》のりも、あと少《すこ》しで
終《お》わりと思《おも》うとさみしいな！
最後《さいご》は、物《もの》の様子《ようす》を表《あらわ》す四字熟語《よじじゅくご》だ
しっかりと情景《じょうけい》や場面《ばめん》を
イメージしながら
なぞっていくんだぞ！

【54】

一望千里《いちぼうせんり》

見晴《みは》らしのいい場所《ばしょ》

いとこのお兄《にい》ちゃんの趣味《しゅみ》は山登《やまのぼ》りです。それも、ハイキングコースのあるような山《やま》ではなく、ロープを使《つか》ってがけを登《のぼ》っていくような山《やま》が好《す》きらしいのです。どうしてそんな危険《きけん》な山《やま》が好《す》きなの？　と聞《き》いてみると、お兄《にい》ちゃんは目《め》を輝《かがや》かせながら、

「そりゃあ登《のぼ》っているときはこわいと思《おも》うこともあるけれど、頂上《ちょうじょう》には一望千里《いちぼうせんり》のすばらしい景色《けしき》が広《ひろ》がっているんだよ」

と熱《あつ》く話《はな》しました。

一望千里《いちぼうせんり》とは、一目《ひとめ》ではるか遠《とお》くまで見《み》わたせてしまうくらい、見《み》晴《は》らしのいい状態《じょうたい》のことをいいます。「千里《せんり》」はメートル法《ほう》に直《なお》すと四千キロですが、「遠《とお》く」を表《あらわ》すたとえとして使《つか》われています。

興奮《こうふん》するお兄《にい》ちゃんにつられたのか「大人《おとな》になったらいっしょに登《のぼ》ろうな」という言葉《ことば》に、ついうなずいてしまったのでした。

指《ゆび》でなぞってみよう

一望千里

【55】

一進一退《いっしんいったい》

進《すす》んではもどり、もどっては進《すす》む

受験生《じゅけんせい》にとって、夏休《なつやす》みは勝負《しょうぶ》のとき。高校《こうこう》三年生《ねんせい》のお姉《ねえ》ちゃんも、大学受験《だいがくじゅけん》のために一生懸命勉強《いっしょうけんめいべんきょう》しています。しかし、思《おも》うように成績《せいせき》が伸《の》びず、あせっているようです。

「少《すこ》し成績《せいせき》が上《あ》がったと思《おも》ったら、次《つぎ》の試験《しけん》ですぐに下《さ》がっちゃうの。一進一退《いっしんいったい》ってこのことだね」

そんなことを言《い》いながらため息《いき》をついています。

一進一退《いっしんいったい》とは、進《すす》んだりもどったりして、あまり変化《へんか》がない様子《ようす》

を表《あらわ》します。また、少《すこ》しよくなったと思《おも》ったら、また悪《わる》くなってしまった、という意味《いみ》もふくまれます。一進一退《いっしんいったい》しつつも、決《けっ》してあきらめなかったお姉《ねえ》ちゃんは、無事《ぶじ》に志望校《しぼうこう》に合格《ごうかく》することができました。

指《ゆび》でなぞってみよう

一進一退

【56】

一朝一夕《いっちょういっせき》

ごく短《みじか》い期間《きかん》を表《あらわ》す言葉《ことば》

テレビで見《み》たバイオリニストの優雅《ゆうが》な姿《すがた》にあこがれて、バイオリンを習《なら》い始《はじ》めました。けれど自分《じぶん》がひくと、バイオリンは優雅《ゆうが》どころか「キー、ギー」といやな音《おと》ばかりたてるのです。お母《かあ》さんは、「一朝一夕《いっちょういっせき》でうまくなるわけないんだから、気長《きなが》にやりなさい」と言《い》ってなぐさめてくれました。

一朝一夕《いっちょういっせき》とは、「一日《にち》」や「一晩《ひとばん》」のような、**ごく短《みじか》い期間《きかん》を表《あらわ》す言葉《ことば》**です。『易経《えききょう》』という、中国《ちゅうごく》のうらない書《しょ》に出《で》てくる「部下《ぶか》が主《あるじ》を死《し》なせたり、子《こ》が親《おや》を死《し》なせたりするのは、一朝一夕《いっちょういっせき》で起《お》こるような事件《じけん》ではない。長《なが》い時間《じかん》かけて積《つ》もり積《つ》もった原因《げんいん》があるのだ」という文章《ぶんしょう》が由来《ゆらい》となっています。

一朝一夕《いっちょういっせき》でできたことと、長《なが》い間努力《あいだどりょく》したこと、どちらが記憶《きおく》に残《のこ》るでしょうか。そう考《かんが》えると「すぐにできない」のも、悪《わる》いことばかりではないのです。

指《ゆび》でなぞってみよう

一朝一夕

【57】

因果応報《いんがおうほう》

自分《じぶん》の行《おこな》いは自分《じぶん》に返《かえ》る！

大雪《おおゆき》が降《ふ》った次《つぎ》の日《ひ》のことです。つるつるすべる道路《どうろ》を歩《ある》いて学《がっ》校《こう》へ向《む》かっていたら、友《とも》だちがすべって転《ころ》んでしまいました。その姿《すがた》がおかしくて、バカにした瞬間《しゅんかん》、自分《じぶん》までバランスをくずし、転《ころ》んでしまったのです。友《とも》だちは得意《とくい》げな顔《かお》で、

「さっきぼくを笑《わら》ったからだよ！　インガオーホーだ！」

と言《い》いました。さて、「インガオーホー」とは何《なん》でしょう？

正解《せいかい》は、**因果応報《いんがおうほう》**。**いいことをした人《ひと》にはいいことが起《お》こり、悪《わる》**

いことをした人《ひと》には悪《わる》いこと
が起《お》こるという意味《いみ》の四字熟《よじじゅく》
語《ご》です。「因果《いんが》」とはもともと
仏教《ぶっきょう》の言葉《ことば》で、前世《ぜんせ》で行《おこな》った
いいことや悪《わる》いことが、現在《げんざい》
の自分《じぶん》に返《かえ》ってくるという考《かんが》
え方《かた》をいいます。

結局《けっきょく》、おたがいに相手《あいて》を
笑《わら》ったことを謝《あやま》ってから、二《ふた》
人《り》は仲《なか》よく学校《がっこう》へと向《む》かった
のでした。

指《ゆび》でなぞってみよう

因果応報

【58】

雲散霧消《うんさんむしょう》

あとかたもなく消《き》えていく

その昔《むかし》、たくさんの武士《ぶし》たちが、天下《てんか》をとるために戦《いくさ》をくり返《かえ》していた日本の戦国時代《せんごくじだい》、天下統一《てんかとういつ》まであと一歩《いっぽ》のところで夢《ゆめ》がかなわなかったのが、織田信長《おだのぶなが》です。信長《のぶなが》はとても強《つよ》い武士《ぶし》でしたが、味方《みかた》がほとんどいない場所《ばしょ》で、家来《けらい》だった明智光秀《あけちみつひで》に裏切《うらぎ》られ、たった一夜《や》で命《いのち》を落《お》としてしまいました。

信長《のぶなが》の夢《ゆめ》のように、**ほんの短《みじか》い時間《じかん》で、物事《ものごと》がきれいに消《き》えてなくなってしまうこと**を**雲散霧消《うんさんむしょう》**といいます。空中《くうちゅう》の「雲《くも》」や「霧《きり》」

が、気《き》づいたときにはパッと消《き》えてしまっていることから生《う》まれた四字熟語《よじじゅくご》です。

信長《のぶなが》をやっつけた光秀《みつひで》も、そのあとすぐに、豊臣秀吉《とよとみひでよし》によってたおされてしまいました。戦国時代《せんごくじだい》は、多《おお》くの武士《ぶし》たちの夢《ゆめ》や希望《きぼう》が雲散霧消《うんさんむしょう》した時代《じだい》だといえるでしょう。

指《ゆび》でなぞってみよう

雲散霧消

【59】

花鳥風月《かちょうふうげつ》

美《うつく》しい自然《しぜん》の景色《けしき》

冬休《ふゆやす》みに、家族《かぞく》みんなで温泉《おんせん》に出《で》かけました。旅館《りょかん》の窓《まど》からは、美《うつく》しい日本式《にほんしき》の庭《にわ》を楽《たの》しむことができます。季節《きせつ》の植物《しょくぶつ》やししおどし、飛《と》び石《いし》などがある庭《にわ》を見《み》て、お父《とう》さんが「ほぉ」と感心《かんしん》したような声《こえ》を上《あ》げました。

「みごとな庭《にわ》じゃないか。花鳥風月《かちょうふうげつ》を再現《さいげん》しているなあ」

花鳥風月《かちょうふうげつ》とは、美《うつく》しい自然《しぜん》の景色《けしき》や、それを見《み》ながら行《おこな》う昔《むかし》ながらの風流《ふうりゅう》な遊《あそ》び（和《わ》歌《か》作《づく》りなど）のことをいいます。「花《はな》」「鳥《とり》」

指《ゆび》でなぞってみよう

花鳥風月

「風《かぜ》」「月《つき》」は、どれも自然《しぜん》の中《なか》にある、美《うつく》しいものですね。旅館《りょかん》の庭《にわ》は、自然《しぜん》に近《ちか》づけてはあるものの、人《ひと》の手《て》によって作《つく》られているので、「自《し》然《ぜん》そのもの」ではありません。ですからお父《とう》さんも「再現《さいげん》」という言葉《ことば》を使《つか》ったのでしょう。本当《ほんとう》の花鳥風月《かちょうふうげつ》は、原《はら》っぱや山《やま》の中《なか》など、身近《みぢか》なところにひそんでいるものなのかもしれません。

【60】

奇《き》想《そう》天《てん》外《がい》

常識外《じょうしきはず》れのアイデア

同《おな》じクラスのCくんは、学級会《がっきゅうかい》やグループ学習《がくしゅう》の場《ば》などで、よくとっぴょうしもないアイデアを出《だ》して、みんなをおどろかせます。アイデアそのものは実現《じつげん》できないことも多《おお》いのですが、Cくんに刺激《しげき》され、みんな次々《つぎつぎ》に新《あたら》しい意見《いけん》を出《だ》すようになるのです。

Cくんのアイデアのように、**他《ほか》の人《ひと》は思《おも》いつかない変《か》わった考《かんが》え**を**奇想天外《きそうてんがい》**といいます。「奇想《きそう》」には「変《か》わっている」、「天外《てんがい》」には天《てん》（＝空《そら》）の外《そと》、つまり「考《かんが》えもつかない」という意味《いみ》があります。

奇想天外《きそうてんがい》なアイデアは「そんなの無理《むり》だよ」と言《い》われて、無視《むし》されてしまうこともあるかもしれません。

けれど、他《ほか》の人《ひと》が思《おも》いつかないような考《かんが》えが、便利《べんり》なものや、すばらしい発明《はつめい》を生《う》み出《だ》したりすることが多《おお》いのもまた、事実《じじつ》なのです。

指《ゆび》で なぞってみよう

奇想天外

【61】古今東西《ここんとうざい》

ありとあらゆる時《とき》や場所《ばしょ》

古今東西《ここんとうざい》とは、社会科《しゃかいか》の教科書《きょうかしょ》や歴史《れきし》まんがにのっているような「古《いにしえ》（昔《むかし》）」から、みなさんがくらしている「今《いま》」までという「時間《じかん》の広《ひろ》さ（長《なが》さ）」と、「東《とう》」洋《よう》から「西《せい》」洋《よう》までの、世界中《せかいじゅう》という「場《ば》所《しょ》の広《ひろ》さ」を組《く》み合《あ》わせた四字熟語《よじじゅくご》で、**いつどんなときでも、どんな場所《ばしょ》でも**という意味《いみ》があります。

この四字熟語《よじじゅくご》が生《う》まれたころとはちがい、みなさんは本《ほん》や新聞《しんぶん》、インターネットを使《つか》って、古今東西《ここんとうざい》のあらゆる情報《じょうほう》を手《て》に入《い》れること

ができます。さまざまな場所《ばしょ》で起《お》きた出来事《できごと》や、それについてのいろいろな人《ひと》の意見《いけん》、現代《げんだい》になって見《み》つかった新《あたら》しい事実《じじつ》……古今東西《ここんとうざい》の話《はなし》を知《し》ることができるからこそ、何《なに》が正《ただ》しいのか、だれの意見《いけん》が本当《ほんとう》なのか、自《じ》分《ぶん》で考《かんが》えることが大切《たいせつ》なのです。

指《ゆび》でなぞってみよう

古今東西

【62】

五里霧中《ごりむちゅう》

先《さき》のことがわからない！

「将来《しょうらい》の夢《ゆめ》」という作文《さくぶん》を書《か》くことになりました。でも、自分《じぶん》が大人《おとな》になったところなんて想像《そうぞう》できません。お母《かあ》さんに相談《そうだん》すると、「私《わたし》だって、将来《しょうらい》のことは五里霧中《ごりむちゅう》だったわ。こんなにかわいい子《こ》のお母《かあ》さんになれるなんて思《おも》ってもみなかったしね」と、指《ゆび》でほほをつつかれました。

五里霧中《ごりむちゅう》とは、**今《いま》のことも、先《さき》のこともまったくわからない状況《じょうきょう》**を表《あらわ》す四字熟語《よじじゅくご》です。昔《むかし》の中国《ちゅうごく》の歴史書《れきししょ》『後漢書《ごかんしょ》』の中《なか》に、仙人《せんにん》の術《じゅつ》を使《つか》い、五里《り》（現在《げんざい》の単位《たんい》でおよそ十九キロ）の霧《きり》を作《つく》ることができる人《ひと》が登場《とうじょう》します。「五里霧《ごりむ》」の「中《なか》」、つまりはるか遠《とお》くまで広《ひろ》がる霧《きり》の中《なか》では何《なに》も見《み》えないことから、この言葉《ことば》が生《う》まれました。

将来《しょうらい》のことはわかりませんが、とりあえず作文《さくぶん》には「お母《かあ》さんのようになりたい」と書《か》くことに決《き》めたのでした。

指《ゆび》でなぞってみよう

五里霧中

【63】

言語道断《ごんごどうだん》

言葉《ことば》では言《い》い表《あらわ》せない!

お父《とう》さんがおいしいクッキーをもらってきたので、こっそりぬすみ食《ぐ》いをしたら、その日《ひ》のうちにばれて、雷《かみなり》を落《お》とされてしまいました。

「人《ひと》のものを何《なに》も言《い》わずに食《た》べるなんて、言語道断《ごんごどうだん》だぞ!」

言語道断《ごんごどうだん》とは、**言葉《ことば》で表《あらわ》せないほどひどい様子《ようす》**を表《あらわ》す四字熟語《よじじゅくご》です。「道《どう》」には「言《い》う」という意味《いみ》があることを、ぜひ覚《おぼ》えておきましょう。もとは仏教語《ぶっきょうご》で、この世《よ》にあるものすべての本当《ほんとう》の姿《すがた》は

「空《くう》」だから、言葉《ことば》で表《あらわ》せない、という意味《いみ》の言葉《ことば》です。「言葉《ことば》で表《あらわ》せないほどいい」というように、いい意味《いみ》でも使《つか》われていました。

お父《とう》さんのお説教《せっきょう》を聞《き》いていると、お母《かあ》さんがやってきて、

「おいしいものを一人《ひとり》じめしようとするのも言語道断《ごんごどうだん》だけどね」

と冷《つめ》たく言《い》い、お父《とう》さんはぐっとだまってしまったのでした。

指《ゆび》でなぞってみよう

言語道断

【64】

順風満帆《じゅんぷうまんぱん》

物事《ものごと》がすべてうまくいく！

親戚《しんせき》のおじさん夫婦《ふうふ》が、カフェを始《はじ》めることになりました。お店《みせ》の名前《なまえ》は「セイル」です。「毎日《まいにち》セールしてるみたい」と言《い》ったら、「お店《みせ》が順風満帆《じゅんぷうまんぱん》に営業《えいぎょう》できますようにっていう願《ねが》いをこめて、英語《ご》で『帆《ほ》』という意味《いみ》の『セイル』という店名《てんめい》にしたんだよ」

おじさんは、そうまじめな顔《かお》で言《い》いました。

順風満帆《じゅんぷうまんぱん》とは、**物事《ものごと》がうまくいっていること**を表《あらわ》す四字熟語《よじじゅくご》です。帆《ほ》いっぱいに追《お》い風《かぜ》を受《う》け、順調《じゅんちょう》に進《すす》んでいく船《ふね》の様子《ようす》から生《う》まれました。
カフェを始《はじ》めるのは、おじさんたちの昔《むかし》からの夢《ゆめ》だったそうです。セールなんて言《い》って申《もう》し訳《わけ》なかったな、順風満帆《じゅんぷうまんぱん》にいってほしいな、と心《こころ》から思《おも》ったのでした。

指《ゆび》でなぞってみよう

順風満帆

【65】

諸行無常《しょぎょうむじょう》

変化《へんか》しないものはない

学校《がっこう》や公園《こうえん》に植《う》えられている桜《さくら》の木《き》を見《み》て「ようやく満開《まんかい》になったと思《おも》ったら、あっというまに散《ち》ってしまった」と思《おも》ったことはありませんか？　桜《さくら》は、咲《さ》いてから散《ち》るまでが約《やく》一週間《しゅうかん》（地方《ちほう》によっては四〜五日《にち》）という、とてもはかない花《はな》です。次《つぎ》の年《とし》にまた花《はな》をつけるとわかっていても、さみしい気持《きも》ちになりますね。

諸行無常《しょぎょうむじょう》とは、そんな桜《さくら》の花《はな》のように、**この世《よ》のすべてのものは常《つね》に変化《へんか》していて、止《と》まることがない**、という意味《いみ》の四字熟語《よじじゅくご》です。

平清盛《たいらのきよもり》が率《ひき》いる、平氏《へいし》の運命《うんめい》をえがいた古典文学《こてんぶんがく》『平家物語《へいけものがたり》』の最初《さいしょ》の文章《ぶんしょう》にも「祇園精舎《ぎおんしょうじゃ》の鐘《かね》の声《こえ》、諸行無常《しょぎょうむじょう》の響《ひび》きあり」と、この四字熟語《よじじゅくご》が登場《とうじょう》します。今《いま》も、仏教《ぶっきょう》の考《かんが》え方《かた》を表《あらわ》す言葉《ことば》として使《つか》われることが多《おお》いようです。

時間《じかん》は常《つね》に流《なが》れています。一瞬《いっしゅん》一瞬《いっしゅん》を大切《たいせつ》に生《い》きていきましょう。

指《ゆび》でなぞってみよう

諸行無常

【66】

青天白日《せいてんはくじつ》

心《こころ》も天気《てんき》も晴《は》れわたる

去年話題《きょねんわだい》になった映画《えいが》を、お兄《にい》ちゃんがレンタルしてきたので、いっしょに見《み》ることにしました。いざ見始《みはじ》めると、内容《ないよう》が難《むずか》しくて、頭《あたま》に入《はい》ってきません。すると、これまで犯人《はんにん》だと思《おも》われていた人《ひと》が

『これでおれは青天白日《せいてんはくじつ》の身《み》になっただろう！』

とさけびました。いったいどういう意味《いみ》でしょう。よけいに物語《ものがたり》がわからなくなってしまいました。お兄《にい》ちゃんも首《くび》をかしげています。

青天白日《せいてんはくじつ》とは、文字通《もじどお》り**空《そら》が青《あお》く晴《は》れわたり、太陽《たいよう》が白《しろ》く光《ひかり》を発《はっ》**

している様子《ようす》を表《あらわ》します。そこから、かくし事《ごと》や後《うし》ろめたいことがない、「無実《むじつ》の身《み》」を意味《いみ》するようにもなりました。

青天白日《せいてんはくじつ》の意味《いみ》を説明《せつめい》してくれたお母《かあ》さんに「せっかく今日《きょう》は青天白日《せいてんはくじつ》なんだから、ビデオばっかり見《み》てないで、外《そと》に出《で》かけていらっしゃい！」とこわい顔《かお》で言《い》われ、二《ふた》人《り》ともとび上《あ》がりました。

【67】

絶体絶命《ぜったいぜつめい》

にげられない大《だい》ピンチ！

体育《たいいく》の授業《じゅぎょう》があることをすっかり忘《わす》れていて、体操着《たいそうぎ》を家《いえ》に置《お》いてきてしまいました。あわてて弟《おとうと》に借《か》りに行《い》きましたが、サイズが合《あ》いません。別《べつ》のクラスの友《とも》だちも「今日《きょう》は体育《たいいく》がなくて」と、申《もう》し訳《わけ》なさそうな顔《かお》をしています。まさに、絶体絶命《ぜったいぜつめい》の大《だい》ピンチです。もう神《かみ》だのみするしかありません。

絶体絶命《ぜったいぜつめい》とは、**試練《しれん》や困難《こんなん》からにげることができない様子《ようす》**を表《あらわ》す四字熟語《よじじゅくご》です。「絶体《ぜったい》」と「絶命《ぜつめい》」は、東洋《とうよう》に古《ふる》くから伝《つた》わる九星《きゅうせい》という占《うらな》いで、運《うん》が悪《わる》いといわれている星《ほし》の名前《なまえ》です。絶《ぜっ》「対《たい》」絶命《ぜつめい》とまちがいやすいので、注意《ちゅうい》しましょう。

必死《ひっし》の願《ねが》いが通《つう》じたのか、体育《たいいく》が始《はじ》まる直前《ちょくぜん》に雨《あめ》が降《ふ》り始《はじ》め、授《じゅ》業《ぎょう》は中止《ちゅうし》、学級会《がっきゅうかい》の時間《じかん》になりました。みんなの「あーあ」という声《こえ》を聞《き》きながら、ホッと胸《むね》をなでおろしたのでした。

強く振ったら折れちゃった…
絶命
絶体
あーあ
実は昨日うっかりわしが折ったのだが…
だまっとこ。

指《ゆび》でなぞってみよう

絶体絶命

【68】

千変万化《せんぺんばんか》

さまざまな形《かたち》に姿《すがた》を変《か》える

小麦粉《こむぎこ》は、日本人《にほんじん》の食生活《しょくせいかつ》になくてはならない食材《しょくざい》です。パンに、めん類《るい》、お好《この》み焼《や》き、ケーキやクッキーなど、さまざまな形《かたち》に姿《すがた》を変《か》えて、みなさんを楽《たの》しませてくれます。そんな小麦粉《こむぎこ》のように、**いろいろな姿形《すがたかたち》に変化《へんか》することを千変万化《せんぺんばんか》**といいます。

昔《むかし》、中国《ちゅうごく》に「化人《かじん》」という魔法使《まほうつか》いのような人物《じんぶつ》がやってきたことがあり、さまざまな姿《すがた》に変身《へんしん》してみせたそうです。中国《ちゅうごく》の思想書《しそうしょ》『列子《れつし》』では、このときのことを「千変万化《せんぺんばんか》、窮極《きゅうきょく》すべからず（いろいろな姿《すがた》に変身《へんしん》する力《ちから》が、すばらしかった）」と説明《せつめい》しています。千《せん》変万化《ぺんばんか》という四字熟語《よじじゅくご》は、ここから生《う》まれました。

小麦粉《こむぎこ》以外《いがい》にも、千変万化《せんぺんばんか》するものは身近《みぢか》にたくさんあります。ぜひ探《さが》してみてくださいね。

指《ゆび》でなぞってみよう

千変万化

【69】

前代未聞《ぜんだいみもん》

これまで聞《き》いたこともない出来事《できごと》

自分《じぶん》と同《おな》じ将棋《しょうぎ》クラブに入《はい》っている六年生《ねんせい》の先輩《せんぱい》が「奨励会《しょうれいかい》」に合格《ごうかく》した、という話《はなし》を聞《き》きました。奨励会《しょうれいかい》とは、将棋《しょうぎ》のプロ棋士《きし》を目指《めざ》す人《ひと》が入《はい》らなくてはならないところで、もっと年上《としうえ》の人《ひと》でも、合格《ごうかく》するのが難《むずか》しいといいます。「このクラブから奨励会《しょうれいかい》に入《はい》るやつが出《で》てくるなんて、前代未聞《ぜんだいみもん》だぞ！」と、みんな大騒《おおさわ》ぎです。

前代未聞《ぜんだいみもん》とは、**これまで聞《き》いたこともなかったこと**を表《あらわ》す四字熟語《よじじゅく》。かつては「前代《ぜんだい》」とだけ略《りゃく》すこともあったそうです。言葉《ことば》を略《りゃく》語《ご》。

して短《みじか》くするなんて、何《なん》だか今《いま》っぽいですね。

「奨励会《しょうれいかい》に入《はい》った全員《ぜんいん》がプロになれるわけじゃないから、まだまだこれからだよ。もっと努力《どりょく》しなくちゃ」

そう言《い》って気合《きあ》いを入《い》れ直《なお》す先輩《せんぱい》を、心《こころ》から尊敬《そんけい》したのでした。

指《ゆび》でなぞってみよう

前代未聞

【70】

大器晩成《たいきばんせい》

時間《じかん》がたってから現《あらわ》れる才能《さいのう》

近所《きんじょ》に住《す》むお兄《にい》さんが、なんと陸上《りくじょう》の世界大会《せかいたいかい》に出場《しゅつじょう》するというニュースがとびこんできました。同級生《どうきゅうせい》だったお姉《ねえ》ちゃんは、「あの子《こ》、小《ちい》さいときは全然足《ぜんぜんあし》が速《はや》くなかったよ。きっと、大器晩《たいきばん》成《せい》タイプだったんだねぇ」と感心《かんしん》したようにうなずいています。

古代中国《こだいちゅうごく》の思想家《しそうか》・老子《ろうし》の書《しょ》（筆《ふで》で書《か》いた言葉《ことば》）『老子《ろうし》』に「大器《たいき》は成《な》ること晩《おそ》く」という言葉《ことば》があります。大《おお》きな器《うつわ》は、小《ちい》さな器《うつわ》とちがって、できあがるのに時間《じかん》がかかるという意味《いみ》です。この言葉《ことば》から、**成功《せいこう》する人《ひと》やえらくなる人《ひと》は、本当《ほんとう》の力《ちから》が現《あらわ》れるまで長《なが》い時《じ》間《かん》がかかる**という意味《いみ》の四字熟語《よじじゅくご》、**大器晩成《たいきばんせい》**が生《う》まれました。

「ぼくも大器晩成《たいきばんせい》かな？」と聞《き》くと、お姉《ねえ》ちゃんは笑《わら》って「そうかもね」と答《こた》えてくれたのでした。

指《ゆび》でなぞってみよう

大器晩成

私たちはきっと
大器早成じゃない？
才能たっぷりだしね！
・・・
大器晩成
大器晩成

【71】

徹頭徹尾《てっとうてつび》

初《はじ》めから終《お》わりまで

家族《かぞく》みんなで、旅行《りょこう》に出《で》かけました。行《い》き先《さき》は北海道《ほっかいどう》。おいしいものがいっぱいです。ラベンダー畑《ばたけ》などにも立《た》ち寄《よ》りましたが、花《はな》よりソフトクリームが気《き》になります。

「まったく、徹頭徹尾《てっとうてつび》食《た》べ物《もの》のことを考《かんが》えているんだなぁ」

と、お父《とう》さんがあきれたように言《い》いました。

徹頭徹尾《てっとうてつび》とは、「頭《あたま》」から「尾《お》」、つまり**最初《さいしょ》から最後《さいご》まで「徹《てっ》」底《てい》してつらぬき通《とお》す**という意味《いみ》の四字熟語《よじじゅくご》です。昔《むかし》の中国《ちゅうごく》の学者《がくしゃ》・

わしは徹頭徹尾修行のことを考えておる！
さすがー！
…
コレは・・・

朱子《しゅし》がよく使《つか》っていた言葉《ことば》だとされています。また「すべての」という意味《いみ》もあります。

旅行《りょこう》の最初《さいしょ》から最後《さいご》まで「おいしいものが食《た》べたい！」という気《き》持《も》ちをつらぬき通《とお》した自分《じぶん》は、たしかに生《う》まれてから今《いま》まで、徹頭《てっとう》徹尾《てつび》食《く》いしんぼうだなあとしみじみ思《おも》いました。

指《ゆび》でなぞってみよう

徹頭徹尾

【72】

二束三文《にそくさんもん》

売《う》ってもお金《かね》にならない

掃除《そうじ》をしていたら、遊《あそ》び終《お》わったゲームソフトがたくさん出《で》てきたので、お父《とう》さんに中古《ちゅうこ》ショップで売《う》ってきてもらうことにしました。しかし、帰《かえ》ってきたお父《とう》さんにわたされたのはなんと五百円《えん》。

「だいぶ古《ふる》いソフトだったから、二束三文《にそくさんもん》にしかならなかったぞ」

と、お父《とう》さんは苦笑《にがわら》いをしながら言《い》いました。

二束三文《にそくさんもん》とは、**数《かず》はたくさんあっても、値段《ねだん》は安《やす》いもの**のことを表《あらわ》す四字熟語《よじじゅくご》です。価値《かち》がほとんどないもの、という意味《いみ》でも使《つか》わ

れます。「二束《たば》」もあるのに「三文《もん》（文《もん》は昔《むかし》のお金《かね》の単位《たんい》）」にしか
ならないものから生《う》まれたという説《せつ》と、「二足《そく》」で「三文《もん》」という激《げき》
安価格《やすかかく》で売《う》られていたぞうりから生《う》まれたという説《せつ》があります。
売《う》ったお金《かね》で新《あたら》しいゲームを買《か》おうと思《おも》っていましたが、これでは全然足《ぜんぜんた》りません。思《おも》わずしゅんとしてしまいました。

指《ゆび》でなぞってみよう

二束三文

【73】日常茶飯《にちじょうさはん》

いつも通《どお》りのこと

友《とも》だちの家《いえ》に遊《あそ》びに行《い》ったら、二階《かい》からドタンバタンという大《おお》きな音《おと》が聞《き》こえてきました。おどろいていると、「あれ、お兄《にい》ちゃんと弟《おとうと》だよ。ただのプロレスごっこだから気《き》にしないでね。うちでは日常茶飯《にちじょうさはん》のことだからさ」

友《とも》だちはそう言《い》って肩《かた》をすくめました。

日常茶飯《にちじょうさはん》とは、**毎日飲《まいにちの》むお茶《ちゃ》や食《た》べるご飯《はん》のように、ありふれた物事《ものごと》**を表《あらわ》す言葉《ことば》です。「日常茶飯《にちじょうさはん》のこと」を略《りゃく》して、「日常茶飯事《にちじょうさはんじ》」

ということもあります。
自分《じぶん》の家《いえ》には姉妹《しまい》しかいないので、こんなに大《おお》きな音《おと》が聞《き》こえてくることはまずありません。家庭《かてい》によって、いろいろな日常《にちじょう》があるのだなあと、しみじみ思《おも》ったのでした。

指《ゆび》でなぞってみよう

日常茶飯

【74】

波瀾万丈《はらんばんじょう》

人生《じんせい》は山《やま》あり谷《たに》あり

豊臣秀吉《とよとみひでよし》亡《な》きあとの日本《にほん》を治《おさ》め、江戸幕府《えどばくふ》を開《ひら》いた徳川家康《とくがわいえやす》。順調《じゅんちょう》に思《おも》える彼《かれ》の人生《じんせい》は、実《じつ》は山《やま》あり谷《たに》ありの大変《たいへん》なものでした。

小《ちい》さいころには、一族《いちぞく》の家長《かちょう》（一番《いちばん》えらい人《ひと》）だったおじいさんが、家来《けらい》によって殺《ころ》されてしまいます。その後《ご》、人質《ひとじち》として送《おく》られる最中《さいちゅう》、敵対《てきたい》する一族《いちぞく》にさらわれ、予定《よてい》していた家《いえ》とはちがう場所《ばしょ》で人質生活《ひとじちせいかつ》を送《おく》ることになるのです。大人《おとな》になってからも、長男《ちょうなん》を殺《ころ》すよう命令《めいれい》されたり、とつぜん秀吉《ひでよし》の妹《いもうと》を妻《つま》にするよう言《い》われたり……多《おお》くの試練《しれん》を乗《の》り越《こ》えてこその、天下統一《てんかとういつ》でした。

このように、**たくさんの事件《じけん》や変化《へんか》があることを**、**波瀾万丈《はらんばんじょう》**の人《じん》生《せい》といいます。「波瀾《はらん》」には「大《おお》きい波《なみ》と小《ちい》さい波《なみ》」、「万丈《ばんじょう》」には「とても高《たか》い」という意味《いみ》があります。高《たか》い波《なみ》でいっぱいの荒《あ》れた海《うみ》のように、はげしい状態《じょうたい》を表《あらわ》す四《よ》字熟語《じじゅくご》なのです。

指《ゆび》で なぞってみよう

波瀾万丈

今から山で楽しい「波瀾万丈ゲーム」をする！
修行ですよね!?
ゲームって言えば喜ぶと思って！

【75】

本末転倒《ほんまつてんとう》

優先順位《ゆうせんじゅんい》が逆《ぎゃく》になる

明日《あした》は算数《さんすう》のテストがあります。そこで、仲《なか》よしの友《とも》だち数人《すうにん》で集《あつ》まって、いっしょに勉強《べんきょう》することになりました。息《いき》ぬきしたいときは、みんなでおしゃべりすればいい、というわけです。

しかしいざ勉強《べんきょう》を始《はじ》めると、話《はな》すのが楽《たの》しくて、まったく手《て》が動《うご》きません。結局《けっきょく》、ほとんど勉強《べんきょう》せずに家《いえ》に帰《かえ》ってきました。

「いったい何《なに》をしに行《い》ってきたの？　本末転倒《ほんまつてんとう》じゃない」

と、お母《かあ》さんはあきれ顔《がお》です。

本末転倒《ほんまつてんとう》とは、大事《だいじ》なこととささいなことをとりちがえ、優先順《ゆうせんじゅん》位《い》を逆《ぎゃく》にしてしまうことをいいます。

根《こん》「本《ぽん》」（大事《だいじ》なこと）と「末《まっ》」節《せっ》（ささいなこと）を「転倒《てんとう》」させてしまう様子《ようす》から生《う》まれました。

次《つぎ》の日《ひ》のテストの結果《けっか》はさんざんなもので、次回《じかい》から勉強《べんきょう》は一人《ひとり》でしようと心《こころ》に決《き》めたのでした。

指《ゆび》でなぞってみよう

本末転倒

【76】

有名無実《ゆうめいむじつ》

中身《なかみ》が名前《なまえ》にともなわない

知《し》り合《あ》いから、おいしいと評判《ひょうばん》のケーキをもらいました。テレビや雑誌《ざっし》でよく見《み》かけるパティシエが作《つく》ったものです。大喜《おおよろこ》びで食《た》べ始《はじ》めたのですが、何口《なんくち》か食《た》べて、首《くび》をかしげてしまいました。味《あじ》がぼんやりとしていて、いまいちおいしくないのです。

「うーん、まさに有名無実《ゆうめいむじつ》って感《かん》じだなあ」

お父《とう》さんががっかりしたような声《こえ》で言《い》いました。

有名無実《ゆうめいむじつ》とは、**評判《ひょうばん》や肩書《かたが》きは立派《りっぱ》なのに中身《なかみ》が追《お》いついていな**

いことを言《い》います。古代中《こだいちゅう》国《ごく》の歴史書《れきししょ》『国語《こくご》』の中《なか》に出《で》てくる「自分《じぶん》は立派《りっぱ》な役《やく》職《しょく》についたけれど、それに見合《みあ》う財産《ざいさん》がない」という発言《はつげん》から生《う》まれた四字熟語《よじじゅくご》です。

「あの店《みせ》のほうがおいしいね」と、近所《きんじょ》のおばさんが開《ひら》いているケーキ屋《や》の名前《なまえ》を出《だ》すと、みんなうんうんとうなずいたのでした。

【77】

竜頭蛇尾《りゅうとうだび》

最初《さいしょ》は元気《げんき》がよかったのに……

少年野球《しょうねんやきゅう》で、他《ほか》のチームと練習試合《れんしゅうじあい》をすることになりました。試《し》合前《あいまえ》、こちらのチームが練習《れんしゅう》をしていると、相手《あいて》は「おれたちは近《きん》所《じょ》で一番強《いちばんつよ》いんだ」「練習《れんしゅう》しなくてもヒットを打《う》てる」など、大声《おおごえ》で自慢《じまん》してきます。ところがいざ試合《じあい》が始《はじ》まると、どんどんこちらのチームに点《てん》が入《はい》り、あっというまに勝負《しょうぶ》がついてしまいました。相《あい》手《て》チームの選手《せんしゅ》たちは、すっかりしょぼくれています。

こんなふうに、**はじめは勢《いきお》いがよかったのに、最後《さいご》にはすっかり**

小《ちい》さくなってしまうことを、「頭《あたま》」は「竜《りゅう》」で「尾《お》」は「蛇《へび》」というバランスの悪《わる》い生《い》き物《もの》にたとえ、**竜頭蛇尾《りゅうとうだび》**といいます。いくつか説《せつ》はありますが、中国《ちゅうごく》の仏教《ぶっきょう》の本《ほん》に出《で》てきたのが最初《さいしょ》だそうです。

「また今度《こんど》、試合《しあい》しよう」と言《い》うと、相手《あいて》チームの選手《せんしゅ》はパッと顔《かお》を上《あ》げ、にっこり笑《わら》ってくれたのでした。

指《ゆび》でなぞってみよう

竜頭蛇尾

クイズ 試練《しれん》をあたえる！③

初級《しょきゅう》 四字熟語《よじじゅくご》の正《ただ》しい残《のこ》り半分《はんぶん》を探《さが》せ！

これから見《み》せる四字熟語《よじじゅくご》は、すべて前《ぜん》後《ご》どちらか２文字《もじ》がかけているぞ。

そこにあてはまる２文字《もじ》を、左下《ひだりした》にある「残《のこ》りの２文字《もじ》リスト」から探《さが》し出《だ》して、記号《きごう》で答《こた》えてみよ。ただし、リストにはダミーもふくまれているから要注意《ようちゅうい》だ。

第《だい》１問《もん》

諸行 ？

第《だい》２問《もん》

古今 ？

第《だい》3問《もん》

？ ータ

第《だい》4問《もん》

二東 ？

第《だい》5問《もん》

？ 道断

残《のこ》りの2文字《もじ》リスト

ア：言語	イ：三円	ウ：南北	エ：無情
オ：一晩	カ：無常	キ：国語	ク：一朝
ケ：東西	コ：三文		

答《こた》えは186ページに！

上級《じょうきゅう》 四字熟語《よじじゅくご》、まちがい漢字《かんじ》はどれだ？

ここにある7つの四字熟語《よじじゅくご》は、1つ、もしくは2つのまちがった文字《もじ》をふくんだ「正《ただ》しくない四字熟語《よじじゅくご》」。どの字《じ》がまちがいなのかを見《み》つけ、正《ただ》しい四《よ》字熟語《じじゅくご》を答《こた》えてくれ。

第《だい》1問《もん》

晴天自日

第《だい》2問《もん》

有名無美

第《だい》3問《もん》

絶対絶命

第《だい》4問《もん》

千変満化

第《だい》5問《もん》

竜頭蛙尾

第《だい》6問《もん》

全代未問

第《だい》7問《もん》

五里夢中

答《こた》えは186ページに！

試練《しれん》の答《こた》え

初級《しょきゅう》

第《だい》1問《もん》　カ（諸行無常《しょぎょうむじょう》）

第《だい》2問《もん》　ケ（古今東西《ここんとうざい》）

第《だい》3問《もん》　ク（一朝一夕《いっちょういっせき》）

第《だい》4問《もん》　コ（二束三文《にそくさんもん》）

第《だい》5問《もん》　ア（言語道断《ごんごどうだん》）

上級《じょうきゅう》

第《だい》1問《もん》　まちがい：晴→青　自→白　正《ただ》しい四字熟語《よじじゅくご》：青天白日《せいてんはくじつ》

第《だい》2問《もん》　まちがい：美→実　正《ただ》しい四字熟語《よじじゅくご》：有名無実《ゆうめいむじつ》

第《だい》3問《もん》　まちがい：対→体　正《ただ》しい四字熟語《よじじゅくご》：絶体絶命《ぜったいぜつめい》

第《だい》4問《もん》　まちがい：満→万　正《ただ》しい四字熟語《よじじゅくご》：千変万化《せんぺんばんか》

第《だい》5問《もん》　まちがい：蛙→蛇　正《ただ》しい四字熟語《よじじゅくご》：竜頭蛇尾《りゅうとうだび》

第《だい》6問《もん》　まちがい：全→前　問→聞　正《ただ》しい四字熟語《よじじゅくご》：前代未聞《ぜんだいみもん》

第《だい》7問《もん》　まちがい：夢→霧　正《ただ》しい四字熟語《よじじゅくご》：五里霧中《ごりむちゅう》

たくさん四字熟語《よじじゅくご》を
覚《おぼ》えることができたわね！

練習用《れんしゅうよう》マジペンの力《ちから》かな？

それはちがうな。
練習用《れんしゅうよう》のマジペンには
何《なん》の魔法《まほう》もかかっていない。おまえたちが
四字熟語《よじじゅくご》の知識《ちしき》を得《え》られたのは、
おまえたち自身《じしん》が努力《どりょく》した結果《けっか》なのだ

よ、よんジイ（様《さま》）――――――！

ここまでがんばったおまえたちに、ちょっと
面白《おもしろ》い四字熟語《よじじゅくご》をいくつか教《おし》えてやろう

面白《おもしろ》い四字熟語《よじじゅくご》？

とりあえず、次《つぎ》のページを
めくってみるんだな

コラム

びっくり！おもしろ四字熟語《よじじゅくご》

ここでは「そんな四字熟語《よじじゅくご》あるの！?」とおどろくような、おもしろ四字熟語《よじじゅくご》を紹介《しょうかい》しよう。友《とも》だちにも教《おし》えてあげるといいぞ！

鬼手仏心《きしゅぶっしん》

鬼《おに》の手《て》と仏《ほとけ》の心《こころ》？ 一見《いっけん》ふつうに見《み》えるけど……

実《じつ》は、これは病気《びょうき》やケガの手術《しゅじゅつ》をする「外科《げか》」に所属《しょぞく》するお医者《いしゃ》さんを意味《いみ》する四字熟語《よじじゅくご》なのだ。人《ひと》の体《からだ》を切《き》っても冷静《れいせい》でいられる鬼《おに》のような手《て》と、患者《かんじゃ》を思《おも》いやる仏《ほとけ》のような心《こころ》を忘《わす》れないよう、外科医《げかい》たちの間《あいだ》で広《ひろ》められたらしい。

我利我利《がりがり》

えっ、この四字熟語《よじじゅくご》、ガリガリって読《よ》むんですか!?

そうだ。意味《いみ》は「私利私欲《しりしよく》（104ページ）」とほぼ同《おな》じで、自分《じぶん》の都合《つごう》や得《とく》だけを考《かんが》える様子《ようす》を表《あらわ》しておる。……が、こちらは何《なに》かをかみくだく音《おと》に聞《き》こえて笑《わら》えてしまうな。

文字通《もじどお》り、その場《ば》にいなかったことを証明《しょうめい》するという意味《いみ》だが、あまり使《つか》われないんだ。別《べつ》の言《い》い方《かた》をすることのほうが多《おお》い。

不在証明《ふざいしょうめい》

別《べつ》の言《い》い方《かた》って？

「アリバイ」だ。推理小説《すいりしょうせつ》やまんがで見《み》たことがあるだろう。

八万四千《はちまんしせん》

仏教《ぶっきょう》の言葉《ことば》だ。ものすごく数《かず》が多《おお》くて、数《かぞ》えられないことを意味《いみ》する。

でも、八万四千まで数《かぞ》えてるじゃない。次《つぎ》は八万四千一じゃないの？

……うむ。

何《なに》これ!? 四字熟語《よじじゅくご》なの？

已己巳己《いきみこ》

よく似《に》ている、という意味《いみ》の四字熟語《よじじゅくご》だ。「已《い》」「己《き(こ)》」「巳《み》」は、よく似《に》ているけれど、すべてちがう漢字《かんじ》だからな。

言葉遊《ことばあそ》びみたいですね……。

よく
がんばったな
デーン
卒業証書
ブン殿
よく
できました。
よん
これからも四字熟語を
うまくあやつって
自分のものにするのだぞ
はぁぁあぁ
やったあ!
うれしい!
わーい
わーい
約束のものだ
ボムッ

うわ～
キレ――
四字熟語のみならず
言葉は書くことで
読んだだけでは気づかぬ
魅力が生まれる
このマジペンで
たくさんの言葉を書き
記していっておくれ
は――い
これで
私たちも見習い卒業かぁ…
はーっ
いや？
へ？
言葉の世界は広く深い！
とっとと次の場所に
出かけていけ！
え゛
え゛
え゛?!

監修　田中友樹（たなか・ともき）

洗足学園中学高等学校教諭。
校務主任、国語科主任。
1970年7月14日生まれ。蟹座のA型。
慶応大学文学部国文学科卒業後、
1994年に洗足学園教諭となる。
好きな野球チームは横浜DeNAベイスターズ、
好きな食べ物はパイナップル。

編著　朝日小学生新聞

読めばわかる！　四字熟語《よじじゅくご》

2015年5月31日　初版第1刷発行
2022年2月　1日　　第5刷発行

イラスト　はし あさこ
発行者　清田哲
編集　當間光沙
デザイン・DTP　李澤佳子

発行所　朝日学生新聞社
〒104-8433 東京都中央区築地5-3-2 朝日新聞社新館9階
電話　03-3545-5436
http://www.asagaku.jp（朝日学生新聞社の出版案内など）

印刷所　株式会社 シナノパブリッシングプレス

ISBN　978-4-907150-56-3